# Ethereum für Anfänger:

Alles was Sie zum Thema Ethereum wissen müssen. Eine Einführung in die Welt der Kryptowährungen.

Dustin James

# Inhaltsverzeichnis

Ethereum – der Treibstoff ....................................................1

Der Ethereum – wirklich Geld? ........................................9

Wie die Blockchain des Ethereum funktioniert ...............15

Die Eigenschaften der Blockchain...................................22

Die Anwendungsmöglichkeiten der Blockchain..............28

Das Mining des Ethereum.................................................34

Die Aufbewahrung der Token ...........................................40

Die Sicherheit...................................................................47

Fakten und Informationen.................................................55

In den Ethereum investieren .............................................60

Wichtige Regeln und Gefahren für das Investment .........64

Die Umsetzung..................................................................69

# Ethereum – der Treibstoff

Will man den Ethereum und alles, was damit verbunden ist, verstehen, dann muss man einen Schritt zurückmachen und sich das Internet ansehen. Zuvor sprach man von dem World Wide Web als *dem* Internet. Es bezeichnet das weltweite Vernetzen über die Server und Knotenpunkte und was alles so dazugehört. Seit Neuestem aber spricht man von dem „Internet of Things" und dem „Internet of Value". Die Reise des Ethereum beginnt da, wo sich das Internet in ein Internet der Sachen und ein Internet der Werte aufspaltete.

Das alte Internet verwandelte sich in das Internet of Things, als Bitcoin und Co das Internet of Value in die Welt brachten. Dabei sind diese Bezeichnungen irreführend. Das alte Internet, das Internet of Things, ist nach dieser Definition ein Internet der Sachen. Was aber ist eine Sache? Etwas, dass man stofflich berühren kann. Ist das im alten Internet möglich? Nein.

Was man im alten Internet, dem bis jetzt noch herkömmlichen Internet machen kann, ist, sich etwas anzusehen, etwas zu lesen, etwas hoch- oder herunterzuladen. Was aber auch immer man macht, es kommt keine Sache aus dem Internet. Okay, ein paar ganz Schlaue werden jetzt an Internetversandhäuser, wie Amazon, denken. Ja, aber die Sachen von Amazon kommen nicht aus dem Internet. Sie werden zwar im Internet angeboten, doch die Sachen selbst kommen aus den Lagerhäusern und von den Zulieferern von Amazon. Sie waren nie wirklich digital im Internet.

Das alte Internet kann man daher anstatt als Internet der Sachen, besser als das Internet der Informationen betrachten. Selbst ein Film, den man sich dort anschaut, ist im Grunde genommen nichts anderes, als ein Informationsstreifen. Eine E-Mail ist nichts anderes als eine Mitteilung, also auch nur eine Information. Daher ist das alte Internet, ein Internet der Informationen.

Von hier ausgehend, kann man die Idee des Ethereum beginnen, zu verstehen. Informationen sind Macht. Diktatoren wollen ihren Völkern Informationen vorenthalten, denn wer viel weiß, der fängt an die Dinge zu hinterfragen. Daher wurde das Internet bei seiner Entstehung als der Garant der Freiheit gefeiert. Jeder kann jede Art von Informationen in das Internet hineinstellen und jeder kann sie dort einsehen. Damit hat niemand mehr die Macht über das Wissen und alle sind frei. So weit jedenfalls war es die Idee.

Hat sich diese Idee verwirklicht? Die Antwort ist leider ein klares „Nein". Das Internet ist kein Ort der freien Ideen. Das liegt in der Natur des Internets.

Das Internet braucht einen Platz, um Informationen anzubieten, die dann andere Nutzer herunterladen können. Dort muss man die Informationen speichern können und dieser Platz muss permanent online sein, damit den Nutzern auch die Informationen wirklich zur Verfügung stehen. Dieser Platz befindet sich auf den Servern der Internetprovider. Diese Server bieten Speicherplatz und sie sind permanent online, sodass jeder Nutzer, rund um die Uhr, die dort gespeicherten Informationen abrufen kann. Das ist einfach und es hat auch viele Vorteile.

Die Vorteile lassen sich am besten anhand eines kleinen Beispiels erläutern. Wer braucht heutzutage eine Webseite? Vor allem Unternehmen. Wenn man sich jetzt ein junges Startup vorstellt und einfach mal die Server aus dem Internet herausnimmt, was passiert dann? Das junge Startup, mit seinen begrenzten Mitteln, muss permanent einen eigenen Rechner online halten. Dort befindet sich die Webseite und dort kann sie abgerufen werden. Das ist aber etwas viel verlangt von dem Unternehmen. Neben dem Rechner bräuchte das Unternehmen nämlich auch mehr Energie, denn der Rechner muss permanent online sein, sprich, der Rechner muss permanent laufen. Dazu braucht das Unternehmen Spezialsoftware, um die Webseite damit zu erstellen, und dann noch einen Spezialisten, der das ganze System, inklusive der Webseite startet und am Laufen hält.

Das Internet der Informationen macht dies zu einer sehr viel einfacheren Angelegenheit. Die Server der Provider verfügen über die nötige Software. Damit können auch unerfahrene Durchschnittsbürger ohne einen IT-Abschluss eine eigene Software erstellen. Die Provider verfügen über die Spezialisten, um die Seite und die Server zu betreiben. Dazu kommt noch die Sicherheitsfrage. Server, ob nun in dem kleinen Unternehmen oder bei dem Provider, sind die Ziele von Hackern. Sie sind permanent online und damit ein gutes Ziel. Daher braucht man Sicherheitsprogramme. Die Sicherheitsprogramme wiederum brauchen Updates und für alles braucht man Fachpersonal. Provider hat all dies, Startup jedoch nicht.

Die Provider sind also eine Notwendigkeit im Internet der Informationen und sie machen ihre Sache gut. Warum also damit brechen? Weil es eine Verdrehung der Idee des Internets ist.

Das Internet sollte ein Marktplatz der Informationen werden. Die Nutzer sollten dorthin gehen und alles über alles herausfinden können. Wie aber sieht es wirklich aus? Will man eine Webseite, muss man sich erst umfassend informieren. Dann muss man sich anmelden. Bei der Anmeldung gibt man seine persönlichen Informationen preis. Dazu gehört auch eine Bankverbindung oder Kreditkarte. Bei der Bank selbst muss man sich ebenfalls identifizieren, wenn man dort sein Konto eröffnet. Damit nicht genug, will man etwas bei einem Versandhaus bestellen, muss man sich erneut identifizieren. Will man selbst etwas auf Ebay verkaufen, muss man, wie kann es anders sein, sich noch einmal identifizieren.

Der Mensch im Internet ist zu einem gläsernen Menschen geworden. Anstatt sich also über alles informieren zu können, muss man überall jemand über sich selbst informieren. Was ist die Folge?

Die Informationen, die man über sich selbst preisgibt, werden zu Marketingzwecken benutzt. Anstatt also zu erfahren, was man wissen will, bekommt man Spammails. Damit nicht genug. Die Informationen, die man bei den verschiedenen Stellen preisgibt, werden dort gelagert. Dabei hat man als Nutzer keinerlei Einfluss auf die Sicherheitsvorkehrungen dort. Hacker haben aber bereits diverse Plattformen geknackt. Sie haben Einblick in die Informationen, die man preisgegeben hat, was die Bankinformationen mit einschließt.

Die Plattformen haben die Macht. Will man etwas verkaufen, muss man dazu auf eBay oder Amazon Marketplace oder eine ähnliche Plattform gehen. Diese aber bestimmen die Regeln und es steht ihnen frei, einen Nutzer ohne Warnung zu verbannen. Anstatt also eine

Kontrolle durch die Nutzer, werden die Nutzer kontrolliert. Damit entwickeln sich Machtstrukturen, die leicht ausgenutzt werden können und bereits ausgenutzt wurden.

Der Ethereum ist nicht der Bitcoin. Der Bitcoin zielt darauf ab, die Macht der Banken zu brechen und den Transfer von Geld zu beschleunigen und zu verbilligen. Der Ethereum zielt darauf ab, die Macht der Plattformen im Internet zu brechen. Der gläserne Mensch soll durch das gläserne Programm, dem gläsernen Store, kurz, das gläserne Internet ersetzt werden.

Der Ethereum ist das Mittel, um dieses Ziel zu erreichen. Die Macht soll dezentralisiert werden. Das ist eine der Eigenschaften der Blockchain des Ethereum. Wie der Bitcoin, so nutzt auch der Ethereum eine Blockchain. Der Unterschied ist aber, dass die Blockchain des Bitcoins für den Bitcoin da ist, während der Ethereum für seine Blockchain existiert.

Der Bitcoin, der Ethereum und all die anderen Kryptowährungen haben Eines gemeinsam: sie bringen das Internet of Value, das Internet der Werte. Der Ethereum und die anderen Coins erlauben es, nicht nur Informationen, sondern auch Werte von einer Person zu einer anderen zu schicken.

Im Internet der Informationen gibt es viele Wege, wie man Informationen von einer Person zu einer anderen bringt. Das kann allgemein zugänglich per Webseite oder gezielt per E-Mail erfolgen. Die Kryptowährungen erlauben es nun, ähnlich einer E-Mail, einen Wert von Person zu Person zu transferieren.

Jetzt sagen die Schlauen natürlich, das ging schon vorher. Wozu schließlich gibt es Internetbanking. Man kann seiner Bank per Internet und TAN einen Auftrag geben und schon wird Geld versendet. Man kann auch bei Amazon und Co bezahlen, indem man seine Kontoinformationen oder seine Kreditkarte dort eingibt. Was dabei aber übersehen wird, ist, dass in beiden Beispielen immer das Wort Bank auftritt. In Wahrheit versendet man auf diesem Weg nämlich überhaupt kein Geld. Man gibt seiner Bank über das Internet den Auftrag, das Geld zu versenden, was diese dann ohne das Internet tut. Die Kryptowährungen bieten jetzt eine weitere Möglichkeit.

Kryptowährungen gestatten es, einen Wert von Person zu Person, ähnlich der besagten E-Mail, zu versenden. Dabei repräsentiert die Kryptowährung einen Wert. In anderen Worten, man versendet einen Wert. Daher auch der Name für diese neue Entwicklung: das Internet der Werte, the Internet of Value. Ja, es ist ein Internet der Werte im Plural, auch, wenn das Original, the Internet of Value, ohne Plural auskommt. Der Plural von Wert, also Werte, bezieht sich dabei auf die Kombination mit den Smart Contracts. Diese werden aber erst später näher erklärt.

Das Prinzip ist dabei sehr einfach. Das alte Internet hat sich zunehmend zentralisiert, mit all den schlechten Entwicklungen, die damit verbunden sind. Der gläserne Mensch und die Machtstrukturen sind jedoch nicht unumgänglich. Sie entstehen aus der Zentralisierung, daher kann man sie bekämpfen, indem man das Internet dezentralisiert.

Die Dezentralisierung des Internets braucht jedoch drei Dinge. Als Erstes braucht auch ein dezentrales Internet seine Server, auch, wenn diese sich auf wesentlich mehr Nutzer verteilen. Zweitens braucht das Internet eine Möglichkeit, Geld dezentral und ohne Institute zu verschicken, und drittens braucht das Internet eine Möglichkeit, Verträge abzuschließen, ohne sich vollumfänglich zu identifizieren.

Alle drei Ziele werden mit einer Blockchain erreicht. Eine Blockchain bringt die Miner. Die Miner sind die Buchhalter der Blockchain und sie sind die Server des neuen Internets. Natürlich wollen die Miner ihre Arbeit nicht umsonst verrichten und sie brauchen eine Entlohnung. Diese Entlohnung bekommen sie in geschürften Coins. Dazu aber später noch mehr.

Zweitens bringt die Blockchain die Möglichkeit, digitale Coins fälschungssicher von Person zu Person zu transferieren. Dabei kann man diese Transaktionen so durchsichtig machen, dass jeder sie überprüfen kann, ohne die Person selbst zu identifizieren.

Drittens bringt die Blockchain die Möglichkeit, sogenannte Smart Contracts abzuschließen. Dabei können Angebote und Bezahlungen automatisiert, in gegenseitiger Abhängigkeit vorgenommen werden. Es bleibt kein Raum für Betrügereien.

Die Blockchain ist also das Gegenmittel gegen die Zentralisierung und damit gegen die Verdrehung der Ideale des Internets. Der Ethereum funktioniert dabei als zentrales Hilfsmittel des neuen, dezentralen Internets. Er wird von den Minern geschürft und gibt ihnen dabei einen Gegenwert für ihre Dienstleistung, als Server zu arbeiten. Dabei kann jeder ein Miner werden.

Der Ethereum funktioniert als Zahlungsmittel, das man von Person zu Person transferieren kann. Zusammen mit den Smart Contracts macht der Ethereum es möglich, dass eine Person für eine andere Person eine Dienstleistung erbringt oder ein Produkt liefert und dabei automatisch und sicher gegen jeden Betrug bezahlt wird. Kurz gesagt, der Ethereum ist der Treibstoff des Internets of Value.

# Der Ethereum – wirklich Geld?

Der Ethereum ist eine der sogenannten Kryptowährungen. Die Bezeichnung deutet es an: Es soll sich dabei um eine Währung, also um Geld handeln. Ist das aber möglich? Kann ein digitales Konzept wirklich Geld sein? Um das zu klären, muss man sich erst einmal vor Augen halten, was Geld eigentlich ist.

Wie ist den meisten das Geld bekannt? Das eine ist das Bargeld und das andere ist das Geld auf der Bank. Bargeld ist auf Münzen und Scheinen abgebildet. Besonders die größeren Werte verstecken sich in den Scheinen. Sind die Scheine selbst jedoch irgendwie wertvoll? Nein, Papier ist billig und damit eigentlich wertlos. Gold dagegen bringt einen inhärenten Wert. Das Geld in der Bank wiederum ist nur eine Ansammlung von Zahlen auf einem Kontobuch. Wie kommt einer solchen Ansammlung von Zahlen und einer Reihe von Papierscheinen ein solcher Wert zu? Weil wir es wollen.

Geld hat im Wesentlichen drei Eigenschaften: es muss einen Wert enthalten, ein Medium des Austausches sein und eine Zuordnungseinheit darstellen. Nur, wenn es jede dieser Eigenschaften aufweist, dann ist es Geld.

Als Erstes also braucht Geld einen Wert, den es enthalten kann. Dabei muss dieser Wert aber allgemein Gültigkeit besitzen. Es kann nicht sein, dass der Wert von Person zu Person variiert.

Woher kommt der Wert im Geld? Das erste Geld waren Münzen. Diese wurden aus Kupfer, Silber und Gold hergestellt. Hier ist es einfach, den Wert zu verstehen. Diese Metalle waren und sind verhältnismäßig selten und bringen einen dementsprechenden Wert in sich mit. Der kleinste Wert ist der von Kupfer, daher wurde es auch für die Münzen mit dem kleinsten Nennwert verwendet. Den nächsthöheren Wert findet man in Silber und den höchsten in Gold. Alle diese Werte jedoch entspringen einfach dem Wert des Metalls.

Papierscheine und Zahlen in einem Kontobuch haben jedoch eigentlich keinen Wert. Papier ist billig und jeder kann irgendwelche Zahlen in einen Computer tippen oder auf ein Stück Papier drucken. Woher kommt also der Wert des heutigen Geldes?

Das Papiergeld kam auf, als es sich nicht mehr rentierte, Gold als Zahlungsmittel zu verwenden. Damals jedoch war Papiergeld selbst nicht direkt wertlos, denn es wurde an einen Goldstandard gebunden. Der Goldstandard verlangte, dass für jeden ausgegebenen Geldschein die gleiche Menge an Goldgeld vorhanden sein musste.

Die Leute ließen sich also auf das wertlose Papiergeld ein, weil sie es jederzeit, bei jeder Bank in die gleiche Menge Gold umtauschen konnten, die dem Wert der Nummer auf dem Papierschein entsprach. Dabei ist Papier aber leichter als Gold, weswegen es keinen Sinn machte, das Metall mit sich herumzuschleppen.

Mit der wachsenden ökonomischen Entwicklung war bald auch der Goldstandard unpraktikabel. Das Papiergeld wurde entkoppelt. Warum haben die Menschen es akzeptiert? Macht der Gewohnheit. An Papiergeld gewöhnt, übernahmen sie auch das Papiergeld ohne Goldstandard. Dazu kam, dass es ein gesetzliches Zahlungsmittel war und überall anerkannt wurde. Warum also zweifeln? Die Leute und die

Gesetze und die Geschäfte schrieben dem Geld einen Wert zu. Dieser Wert ist nun in dem Geld gespeichert.

Hat eine Kryptowährung, wie der Ethereum, einen Wert? Ja, das ist möglich. Dazu muss man aber diesen Wert erkennen. Woran erkennt man einen Wert? Daran, dass Leute bereit sind, etwas dafür einzutauschen.

Die Kryptowährungen, einschließlich des Ethereum, werden gehandelt. Damit geben Leute andere Währungen, wie Euro und Dollar, dafür aus, um Ethereum-Token zu erwerben. Händler wiederum akzeptieren den Ethereum als eine Währung. Man kann ihn also benutzen, um Dienstleistungen und Produkte zu bezahlen. Daher kann man feststellen, dass der Ethereum einen Wert hat.

Die bloße Existenz eines Wertes reicht jedoch nicht aus. Wie vorher schon gesagt, muss dieser Wert allgemein verbindlich sein. Ein Euro hat für jeden den gleichen Wert. Es gibt allgemeingültige Wechselkurse und man kann mit ihm eine vergleichbare Menge an Gütern oder Dienstleistungen kaufen.

Der Ethereum verfügt ebenfalls über Wechselkurse. Diese sind ebenfalls allgemeingültig. Dementsprechend ist die Kaufkraft des Ethereum allgemein gleich. Kurz, der Wert des Ethereum ist allgemein verbindlich.

Neben einem Wert an sich muss eine Währung, um als Geld zu gelten, ein Medium des Austausches sein. Das ist immer dann der Fall, wenn man so gut wie alle Werte in diese Währung transferieren und diese Währung gegen so gut, wie alle Werte eintauschen kann.

Schauen wir auf den Euro. Im gesamten Euroraum ist dieser ein gesetzlich zugelassenes Zahlungsmittel. Man kann in jedes Geschäft gehen und Euros gegen Waren eintauschen. Ebenso kann man für Euros Dienstleistungen bekommen. Umgedreht kann man alle Verkäufe in Euro tätigen. Man wandelt also Waren beziehungsweise deren Wert, in Euros um. Damit ist der Euro ein Medium des Austausches.

Der Ethereum wird genutzt, um ihn gegen Dienstleistungen und Waren im Internet einzutauschen. Dabei ist er aber nicht allgemein verbindlich. Die Händler und Anbieter, die ihn akzeptieren, tauschen ihre Waren oder Dienstleistungen gegen Ethereum-Token ein und Ethereum-Token kaufen diese Waren beziehungsweise Dienstleistungen. Damit scheint der Ethereum ein Medium des Austausches zu sein.

Der Ethereum hat jedoch ein Problem. Während der Euro im Euroraum überall akzeptiert wird und akzeptiert werden muss, ist der Ethereum kein gesetzliches Zahlungsmittel. Es ist eine freiwillige Entscheidung der Händler, ob sie den Ethereum zulassen oder nicht. Damit ist der Ethereum als Medium des Austausches nicht allgemein, sondern nur in Einzelfällen verwendbar. Damit fehlt ihm hier die Eigenschaft von Geld.

Geld muss auch, wenn es wirklich Geld sein will, eine Zuordnungseinheit darstellen. Es muss also möglich sein, einer Ware oder einer Dienstleistung einen Wert mit dieser Währung zuzuordnen.

Für den Euro ist dieser Punkt wiederum keine Hürde. Man muss nur in den nächsten Supermarkt gehen. Dort wird einem der Euro an jedem Regal als Zuordnungseinheit begegnen. Man liest diese Werte ab und vergleicht sie. Damit kann man jeder Ware einen Wert zuordnen.

Der Ethereum tut sich auch hier schwer. Es wird kaum jemanden geben, der einen Preisvergleich in Ethereum-Token vornimmt. Es existiert zwar ein Umtauschkurs von Ethereum zu Euro oder Ethereum zu Dollar, doch damit ordnet man dem Ethereum einen Wert in Form der alten Währungen zu. Der Ethereum selbst jedoch dient dadurch noch nicht als Zuordnungseinheit.

Schaut man sich das Konzept Ethereum an, so kann man sagen, dass es sich dabei zumindest noch nicht um Geld handelt. Es ist nirgendwo allgemein als Zahlungsmittel anerkannt, es ist also kein Medium des Austausches. Ebenso gibt es keine Gewohnheit, den Ethereum zu verwenden. Damit ist er auch keine Zuordnungseinheit.

Das bedeutet nicht, dass der Ethereum nicht eines Tages eine neue Währung darstellen kann. In begrenzter Hinsicht hat er sich schon in die richtige Richtung gemausert. Was jedoch noch fehlt, ist ein allgemeiner Durchbruch. Der kann auf eine von zwei Arten geschehen.

Als Erstes kann es der Ethereum schaffen, als gesetzliches Zahlungsmittel anerkannt zu werden. Dann hat er einen Währungsraum, in welchem er sich allgemein verwenden lässt. Wenn man jedoch die Scheu bedenkt, mit der die alteingesessenen Banken und die Staaten den Kryptowährungen gegenüberstehen, ist dieses Szenario für die allernächste Zukunft zumindest kaum denkbar.

Als Zweites kann es der Ethereum schaffen, von einer sehr großen Anzahl von Händlern anerkannt zu werden. Das hätte einen Schneeballeffekt zur Folge. Immer mehr Händler würden den Ethereum akzeptieren, bis sie die weit überwiegende Mehrheit darstellen. Dann wäre der Ethereum ein Medium des Austausches.

Bei einer allgemeinen Verwendung würden die Leute sich auch daran gewöhnen, in Ethereum zu kalkulieren. Damit wäre der Ethereum auch eine Zuordnungseinheit.

Der zweite Weg erscheint nicht unbedingt wahrscheinlich, aber er ist wahrscheinlicher, als die Anerkennung als gesetzliches Zahlungsmittel. Bis dahin, bis zur Anerkennung durch einen Staat oder die Allgemeinheit, ist der Ethereum mehr eine Spielerei, denn eine echte Währung.

Auch, wenn der Ethereum noch keine vollwertige Währung ist, bedeutet das nicht, dass er nutzlos ist. Er lässt sich durchaus dazu verwenden, einen Profit zu machen. Das beflügelt die Investoren und die Miner. Ersteres bringt einen abgeleiteten Wert und Letzteres erhält die Blockchain.

Der Gedanke des Ethereum ist es, die Blockchain anzutreiben. Dank der Blockchain und den Smart Contracts hat der Ethereum eine Chance, zu echtem Geld zu werden. Für die nächste Zukunft ist es unwahrscheinlich, dass er einfach sang- und klanglos verschwindet. Mit jedem Tag, der verstreicht, schafft es der Ethereum ein kleines Stückchen mehr, zu einer Währung zu werden. Man sollte die Hoffnung also nicht fahren lassen und auf die Kräfte des Marktes vertrauen.

# Wie die Blockchain des Ethereum funktioniert

Das Wichtigste am Ethereum ist die Blockchain. Die Blockchain ermöglicht den Transfer der Ethereum-Token, doch die Blockchain ist nicht für den Ethereum, sondern der Ethereum ist für die Blockchain da. Damit unterscheidet sich der Ethereum von den anderen Währungen. Es geht nicht um Geld, sondern um eine Philosophie. Der Ethereum, mit seinem Wert, stellt dabei nur den Treibstoff dar, damit die Blockchain existieren kann. Um dieser Bedeutung der Blockchain gerecht zu werden, hat dieses Buch ganze drei Kapitel, die sich mit der Blockchain auseinandersetzen. Den Anfang macht das Prinzip der Blockchain, damit es ein allgemeines Verständnis für die Arbeitsweise dieser nützlichen Erfindung gibt.

Der Anspruch des Ethereum ist es, eine Währung zu sein. Was eine Währung als solche ausmacht, wurde bereits im vorigen Kapitel besprochen. Die Schlussfolgerung war, dass der Ethereum zumindest noch keine Währung ist. Die Macher des Ethereum hatten sich jedoch nicht mit dem Problem auseinanderzusetzen, was eine Währung überhaupt zu einer solchen macht. Sie waren von der Verwendung des Ethereum als Währung ausgegangen. Für die Macher ging es um etwas anderes. Unter der Annahme, dass der Ethereum eine Währung ist, braucht er gewisse Eigenschaften, die ihn als Währung verwendungsfähig machen.

Um als Währung verwendbar zu sein, braucht der Ethereum eine Einheit. Diese Einheit muss herstellbar und transferierbar sein.

Gleichzeitig muss eine Sicherheit dagegen bestehen, dass zu viele der Einheiten auf den Markt kommen. Das würde nämlich die Währung wirkungsvoll entwerten. Weiterhin müssen die Einheiten fälschungssicher sein. Niemand würde den Ethereum als Währung anerkennen, wenn jeder beliebig viele Einheiten herstellen könnte.

Die Einheit des Ethereum ist der Ethereum-Token. Dieser besteht jedoch nur digital. Damit stellt sie besondere Herausforderungen an die Herstellbarkeit, die Transfers, die Seltenheit und die Fälschungssicherheit. Die Antwort auf diese Herausforderungen ist die Blockchain.

Die Blockchain ist im Prinzip das Kontobuch des Ethereums. Dort wird alles festgehalten und jeder kann es einsehen. Jeder weiß, wer, wann, wie viel zu wem transferiert hat und über wie viele Geldmittel jeder verfügt.

Das Prinzip der Blockchain ist dabei sehr einfach und es steckt bereits im Namen. Blockchain ist Englisch und man kann es frei als eine Kette von Blöcken übersetzen. Die Blöcke sind die Einträge in das Kontobuch. Dabei bilden sie in chronologischer Reihenfolge eine Kette. Dies ist wiederum die Blockchain.

Am besten lässt sich das anhand eines Beispiels betrachten. Theoretisch muss man die Blockchain, um sie wirklich zu verstehen, von Anfang an betrachten. Wir machen jedoch einen kleinen Schnitt und steigen etwas später ein. Wie brauchen dazu 5 Personen. Sagen wir, Herr X, Herr Anton, Frau Beate, Herr Christian und Frau Denise.

Herr Anton tritt der Blockchain als neuer Nutzer bei. Er hat 20 Ethereum-Token bei eBay gekauft. Bezahlt hat er mit PayPal und der Verkäufer hat die 20 Token in der Blockchain transferiert. Sagen wir, der Verkäufer ist Herr X. In der Blockchain sieht das dann so aus:

X transferiert 20 Ethereum-Token zu Anton

Jeder kann die Blockchain einsehen. Damit weiß nun jeder, dass Herr X 20 Ethereum-Token weniger hat. Gleichzeitig weiß jeder, dass Herr Anton, der gerade erst der Blockchain beigetreten ist, nun über 20 Ethereum-Token verfügt.

Als Nächstes tritt Frau Beate der Blockchain bei. Sie ist die Ehefrau von Herrn Anton. Weil er sie so liebt, transferiert er ihr die Hälfte seiner Token. Daraus wird ein neuer Block in der Blockchain generiert. Der sieht dann so aus:

Anton transferiert 10 Ethereum-Token zu Beate

Dieser Block wird nun an den anderen Block gehängt. Damit sieht die Blockchain dann so aus:

X transferiert 20 Ethereum-Token zu Anton

Anton transferiert 10 Ethereum-Token zu Beate

Jetzt weiß jeder Nutzer in der Blockchain, dass Herr X 20 Ethereum-Token weniger hat. Gleichzeitig weiß jeder, dass Anton nun nur noch über 10 Token verfügt, denn er hatte zuerst 20 bekommen und dann 10 zu Beate transferiert. Ebenso kann jeder ablesen, dass Beate über 10 Token verfügt.

Jetzt möchte Frau Beate etwas in einem Onlineshop kaufen. Der Inhaber ist Herr Christian. Der Preis für das Gekaufte sind 8 Ethereum-Token. Frau Beate transferiert die Summe. Der Block in der Blockchain sieht dann so aus:

Beate transferiert 8 Ethereum-Token zu Christian

Damit ergibt sich für die gesamte Blockchain das folgende Bild:

X transferiert 20 Ethereum-Token zu Anton

Anton transferiert 10 Ethereum-Token zu Beate

Beate transferiert 8 Ethereum-Token zu Christian

Jeder kann nun sehen, dass Herr Anton über 10 Ethereum-Token verfügt, denn er hat schließlich 10, seiner vormals 20 Token, seiner Frau gegeben. Jeder kann ebenfalls sehen, dass Frau Beate 8 ihrer 10 Token transferiert hat und nun nur noch über 2 Token verfügt.

Sagen wir, dass jetzt Frau Denise der Blockchain beitritt. Sie ist die Freundin von Frau Beate. Frau Beate möchte ihrer Freundin 5 Ethereum-Token geben, damit diese in der Blockchain nicht ganz ohne Finanzmittel ist. Der Block würde dann so aussehen:

Beate transferiert 5 Ethereum-Token zu Denise

Dieser Block würde jedoch abgewiesen werden. Er kommt nicht an die Blockchain, denn jeder Teilnehmer der Blockchain könnte sehen, dass hier etwas falsch ist. Frau Beate hatte 10 Token von Anton bekommen. Sie verfügte aber nur über die 10, die sie von ihrem Mann bekommen hat. Niemand sonst hat ihr Ethereum-Token gegeben. Von diesen 10 Token hat sie 8 zu Herrn Christian gesendet. Sie verfügt also nur noch über 2 Token. Damit kann sie nicht 5 Token zu Denise schicken.

Seit ihrem Bestehen hat die Blockchain alle Transaktionen als Blöcke gespeichert. Jeder Teilnehmer kann diese Blockchain einsehen. Damit kann jeder Teilnehmer sehen, wer über wie viele Ethere-um-Token verfügt. Ebenso kann jeder einsehen, wer wie viele Token an wen gesendet hat.

Dieses Kontobuch macht die digitalen Token, die Einheiten des Ethereum, damit transferierbar. Gleichzeitig verhindert die Block-chain die Fälschung der Token. Da jede Transaktion in der Blockchain festgehalten wird, kann man nicht einfach neue Token in das System einbringen. Gleichzeitig kann man auch nicht einmal ausgegebene To-ken erneut ausgeben.

Jetzt bleibt nur noch das Problem, dass die Währung herstellbar und in ihrer Anzahl begrenzbar sein muss. Auch dieses Problem wird elegant gelöst.

Die Blockchain ist das Kontobuch des Ethereum. Wie jedes Konto-buch, so braucht auch die Blockchain jemanden, der sie verwaltet. Die Verwalter müssen der Blockchain auf zwei Arten helfen. Als Erstes müssen sie die Blockchain selbst verwalten. Sie müssen die Transak-tionen überprüfen und die neuen Blocks an die Bestehenden anfügen. Weiterhin müssen sie der Blockchain ihre Rechenkraft permanent zur Verfügung stellen. Damit kann die Blockchain als Netzwerk weiter bestehen und sie kann auf den neuesten Stand gehalten werden.

Die Verwalter der Blockchain sind die sogenannten Miner. Sie halten nach neuen Transaktionen Ausschau. Finden sie eine, so füh-ren sie Berechnungen aus, um sie zu überprüfen. Dabei erstellen sie eine Prüfsumme, falls die Transaktion richtig ist. Falls nicht, wird die Transaktion zurückgewiesen.

Ist die Transaktion als gültig anerkannt und die Prüfsumme gebildet, dann wird sie als neuer Block an die Blockchain gehängt. Dann sendet der betreffende Miner den neuen Block zusammen mit der Prüfsumme in die gesamte Blockchain, sodass alle Nutzer ihre gespeicherte Version der Blockchain aktualisieren können.

Auf der Suche nach neuen Transaktionen sind die Rechner der Miner permanent online und stellen damit ihre Rechenleistung dem Netzwerk zur Verfügung. Das kostet aber Geld. Die Rechner müssen angeschafft und unterhalten werden. Die Unterhaltungskosten schließen den Strom, den Strom für die Kühlung sowie die Wartung der Geräte ein. Als Entschädigung für diesen Aufwand erhalten die Miner für jede genehmigte Transaktion Ethereum-Token. Die Blockchain-Verwalter stellen damit mittels ihrer Verwaltungstätigkeit neue Token für die Blockchain her. Sie stellen also die Währungseinheiten her.

Die Berechnungen, die die Miner vornehmen müssen, werden durch verschiedene Maßnahmen absichtlich verkompliziert. Damit steigt der Schwierigkeitsgrad mit zunehmender Anzahl an geschürften Token. Daraus ergibt sich die Begrenzung. Jeder neue Token ist schwerer herzustellen als der Vorangegangene. So ist sichergestellt, dass die Währung nicht einfach innerhalb kurzer Zeit mit zu vielen Einheiten, den Token, überschwemmt wird. Die Miner müssen länger an den Blöcken rechnen und mehr Rechenleistung aufbieten.

Die Blockchain ist damit das eigentliche Medium, das den Ethereum möglich macht. Sie kann ihn speichern und transferieren. Sie erlaubt es, ihn herzustellen und begrenzt gleichzeitig die Anzahl. Die Blockchain sorgt auch gleichzeitig dafür, dass es keine Fälschungen gibt. Dabei ist die Blockchain im Grunde genommen sehr viel mehr. Der Ethereum ist nur da, um den Minern einen Anreiz zu geben, damit die Blockchain existieren und sich entwickeln kann. Die Blockchain selbst soll dann zum Medium für viele neue Anwendungen werden.

# Die Eigenschaften der Blockchain

Das Hauptanliegen hinter dem Ethereum ist es, den gläsernen Menschen gegen die gläsernen Informationen auszutauschen. Die Macht über die Informationen im Internet soll gebrochen werden und zurück in die Hände der Nutzer gelangen. Das funktioniert aber nur, wenn die Blockchain, das Trägermedium des Ethereum, über die entsprechenden Eigenschaften verfügt.

Die Verdrehung des Internets geschieht im Wesentlichen aufgrund der zunehmenden Zentralität. Die Serverfarmen der Provider bringen das Internet in die Welt. Sie konzentrieren die Informationen und geben den Betreibern dieser Serverfarmen die Macht über die Informationen. Die Plattformen im Internet, wie Amazon und eBay, bestimmen dann noch mit ihrer Hausmacht die Regeln und damit, wer was tun kann. Diese Verdrehung kann nur dadurch rückgängig gemacht werden, in dem die Zentralität aufhört. Das geschieht dank der Blockchain, denn diese ist von Natur aus dezentral.

Jeder innerhalb der Blockchain kann ein Miner werden. Jeder innerhalb der Blockchain kann die gesamte Blockchain einsehen und sie auf ihre Echtheit überprüfen. Die Nutzer in ihrer Gesamtheit können also entscheiden, was eine echte Transaktion ist und welcher Block an die Chain angehängt wird.

Diese Dezentralität bringt erhebliche Auswirkungen. Das beginnt schon bei den Transaktionen selbst. Bisher hatten die Bankinstitute das Monopol in den Geldtransfers. Das brachte viele Probleme.

Bankinstitute unterhalten eine Infrastruktur. Diese Infrastruktur erlaubt es ihnen, das Geld in die ganze Welt zu verschieben. Es erlaubt aber auch nur ihnen, das zu tun. Niemand anderes kann Geld verschieben, es sei denn, man bringt es persönlich als Bargeld von einem Ort zum anderen.

Diese Monopolstellung gab den Bankinstituten eine große Macht. Sie nutzen diese in mehrerlei Hinsicht aus. Als Erstes kostet ein Geldtransfer je nach Entfernung und beteiligten Ländern sehr hohe Gebühren. Wer Geld innerhalb von Deutschland überweist, wird davon nichts merken. Wer jedoch einen Transfer außerhalb der Eurozone vornimmt, wird sehr schnell, sehr unangenehm überrascht sein. Noch teurer wird es, wenn die Transfers in ein Entwicklungsland gehen. Die Kosten können sehr schnell explodieren. Das liegt nicht zuletzt daran, dass bei solchen Transfers gleich mehrere Banken beteiligt sind. Da ist die entsendende Bank. Diese verlangt ihre Gebühr. Dann gibt es oft eine Intermediär-Bank. Diese langt auch noch einmal zu. Am Ende ist dann noch die empfangende Bank, die auch noch einmal die Hand aufhält. Die Kosten übersteigen oftmals 50 € und können bis zu 100 € betragen.

Eine weitere Auswirkung ist es, dass die Transfers lange dauern. Das können bei angrenzenden Ländern schon einmal bis zu zwei Tage sein. Bei Ländern auf unterschiedlichen Kontinenten jedoch kann es glatt eine Woche dauern.

Die Blockchain erlaubt den Transfer innerhalb von wenigen Sekunden oder Minuten. Dabei liefern die Miner die nötige Infrastruktur. Die Kosten sind verschwindend gering, denn die Miner werden nicht vorrangig durch Gebühren, sondern vor allem durch die geschürften Token entschädigt.

Die dezentrale Natur, in der jeder ein Miner sein kann, und jeder die ganze Blockchain überprüfen kann, bringt das Konsensprinzip. Jeder Nutzer kann eine unechte Transaktion verhindern. Damit müssen im Prinzip alle der Blockchain zustimmen. Dies verhindert wiederum den Aufbau von Machtstrukturen. Diese haben zuvor zu ungesunden Entwicklungen nicht nur im Internet, sondern auch auf den Finanzmärkten geführt. Hier nun braucht man eine solche Entwicklung nicht zu fürchten. Die Mitglieder können die gesamte Entwicklung der Blockchain beeinflussen.

Die Blockchain hat das Internet revolutioniert. Das Versenden von Informationen wird nun erweitert. Jetzt können auch Werte versendet werden. Nicht nur bricht das die Macht der Banken, es bringt noch einen weiteren Schritt in das System.

Amazon, eBay und Co kontrollieren den Markt im Internet. Das liegt daran, dass die meisten Verkäufer es sich nicht leisten können, eine eigene Onlineplattform aufzubauen. Sie benutzen die bestehenden Plattformen. Der Preis dafür ist die Abgabe von Macht und Freiheit. Wer auf eBay verkaufen will, muss sich den Regeln von eBay unterwerfen. Diese Regeln sind oft undurchsichtig und können sich schnell ändern. Schlimmer noch, es sind die Plattformen, die entscheiden, wer gegen die Regeln verstößt und wie der Verstoß geahndet werden soll.

Die Blockchain dagegen erlaubt es nun, das Geld direkt zu versenden. Man braucht keine Plattform mit Bezahldiensten, VISA und

MasterCard. Besser noch. Die Blockchain erlaubt die Anwendung von sogenannten Smart Contracts. Diese gestatten es, vordefinierte Aktionen durchzuführen, sodass betrugssicher Ware gegen Geld getauscht werden kann.

Die Blockchain ist nicht nur dezentral, sie ist auch unveränderlich. Jeder Block wird mit einer Prüfsumme versehen. Diese Prüfsumme enthält Werte aus dem vorangegangenen und dem aktuellen Block. Wer also einen Block fälschen will, muss auch den davor und den danach folgenden Block fälschen. Um diesen zu fälschen, muss man auch diesen vorangehenden und wiederum darauffolgenden Block, fälschen. Kurz gesagt, wer einen Block fälschen will, muss alle Blöcke fälschen. Man muss also die gesamte Blockchain verändern. Man kann jedoch nicht einfach eine neue Blockchain in das System einbringen, denn diese würde sofort zurückgewiesen werden. In anderen Worten: Die Blockchain behält alle Blöcke und diese sind nicht mehr veränderbar.

Diese Unveränderlichkeit bedeutet, dass die Blockchain niemals vergisst, wer was getan hat. Das bringt nicht nur viele Anwendungsmöglichkeiten, das bedeutet auch, dass die Blockchain fälschungssicher ist. Niemand kann einfach neue Token in das System einbringen. Das System würde sofort erkennen, dass sie keine Quelle haben. Niemand kann einmal versendete Token erneut versenden. Das System würde es sehen, dass sich die betreffenden Token nicht mehr bei der versendenden Person befinden.

Die Blockchain vermittelt gleichzeitig Transparenz und Anonymität. Das erscheint widersinnig, doch es ist möglich. Die Transparenz hat eine einfache Ursache. Die Blockchain erlaubt das Überprüfen aller Transaktionen seit ihrem Entstehen durch jeden Teilnehmer. Damit kann jeder sofort sehen, wer über welche Finanzmittel verfügt und wer welche Transaktionen vorgenommen hat. Das ist totale Transparenz. Das erlaubt es auch jedem, vor einem Geschäft zu überprüfen, ob der andere auch wirklich über die benötigte Zahlungsfähigkeit verfügt.

Auf der anderen Seite muss man sich für die Blockchain nicht identifizieren. Wer in eine Bank geht, um dort ein Konto zu eröffnen, braucht einen Ausweis. Die Blockchain verlangt nicht danach. Man legt einfach ein Pseudonym an. Daraus ergibt sich die sogenannte Pseudoanonymität. Während jeder Teilnehmer in der Blockchain verfolgen kann, was die anderen Teilnehmer tun, kann er nur sehen, was die Pseudonyme für Transaktionen durchführen. Man kann nicht sehen, wer sich hinter einem Pseudonym befindet. Man kann nicht einmal sehen, ob eine Person über ein oder mehrere Pseudonyme verfügt. Damit sind die Identität und das Finanzverhalten der Teilnehmer selbst als Person nicht nachvollziehbar. Jeder Teilnehmer kann über mehrere Pseudonyme verfügen und je nach Situation mal das eine oder das andere verwenden.

Und woher kommt die Blockchain? Interessanterweise muss man für die Antwort auf diese Frage seinen Blick zu einer anderen Währung wenden. Die erste Blockchain stellte eine Revolution dar. Sie kam mit dem ersten digitalen Coin. Das war aber nicht der Ethereum, sondern es handelt sich dabei um den Bitcoin. Die erste Blockchain wurde von dem Macher oder den Machern des Bitcoins programmiert. Es gibt auch einen Namen: Satoshi Nakamoto. Leider aber weiß niemand, wer das wirklich ist. Dieser Name ist nämlich nur ein Pseudonym. Es ist noch nicht einmal bekannt, ob dieses Pseudonym für eine Person oder eine Personengruppe steht.

# Die Anwendungsmöglichkeiten der Blockchain

Die Blockchain erlaubt eine Reihe von Anwendungen. Das ergibt sich aus ihren besonderen Eigenschaften, wie das direkte Übertragen von Werten, ihrer Unveränderlichkeit und ihrer Transparenz.

Heute laufen bereits Überlegungen und Pilotprojekte für Smart Contracts, die das Vertragsrecht revolutionieren können. Dazu kommen ungeahnte Anwendungen für die Musikindustrie. Auch die Steuern könnten sehr viel einfacher über die Blockchain entrichtet werden. Banken könnten ihre aufgeblähte Infrastruktur verkleinern. Selbst für Wahlen bietet die Blockchain Anwendungsmöglichkeiten.

Der wichtigste Bereich sind die Smart Contracts. Diese gestatten die Nutzung der Blockchain für besonders viele Anwendungen. Was einen Smart Contract ausmacht, ist die automatische Kopplung von Zahlung und Erhalt beziehungsweise Nutzung einer Ware oder eines Dienstes.

Zum Beispiel kann man einen Smart Contract so definieren, dass eine Ware automatisch geliefert wird, sobald die Zahlung eingegangen ist. Man kann ihn auch so definieren, dass eine bereits gelieferte Ware erst freigeschaltet wird, wenn eine Zahlung eingegangen ist. Für den Fall, dass keine Zahlung oder keine Lieferung erfolgt, kann man auch einen auflösenden Zeitrahmen einprogrammieren. Wer also zum Beispiel nicht innerhalb einer Woche bezahlt, verliert damit automatisch jeden Anspruch auf die Ware. Das ist aber noch immer eine sehr einfache Form eines Vertrages. Man kann wesentlich mehr, und kompliziertere Bedingungen, einbauen.

Ein einfaches Anwendungsbeispiel ist der Kauf eines Autos. Der Kauf wird online abgewickelt. Der Käufer kommt zum Verkäufer. Das Auto steht mit dem Internet in Verbindung. Erst nachdem der Käufer bezahlt hat, wird automatisch die Zündung freigegeben. Der Käufer kann also erst nach Zahlung das Auto verwenden.

Ein einfacheres Beispiel ist ein Freelancer. Er bekommt den Auftrag, etwas zu schreiben. Er setzt das Dokument fertig in das Internet, während der Auftraggeber die Bezahlung definiert. Dann werden die Lieferung des Dokuments und die Bezahlung gleichzeitig abgewickelt. Ein Betrug ist unmöglich.

Man braucht keine Plattformen mehr. Die Hersteller von Computerspielen können ihre Spiele direkt online anbieten. Ein Käufer kann ein Spiel anklicken und nach einer automatischen Zahlung steht ihm ein Download zu Verfügung.

Dies alles waren jedoch noch sehr einfache Beispiele. Richtig interessant wäre es zum Beispiel, die Versicherungsverträge über Smart Contracts abzuwickeln. Jemand kann so einen Vertrag über die Versicherung seines Autos abschließen. Das Auto sendet Aktualisierungen über seinen Fahrstil an die Versicherungsgesellschaft. Entsprechend des Fahrstils wird dann der Fahrer automatisch nach oben oder nach unten in die verschiedenen Tarife eingestuft.

Die Musikindustrie ließe sich mit den Smart Contracts ebenfalls revolutionieren. Heutzutage wird es immer schwerer, die CDs an den Mann zu bringen. Das Internet und vor allem illegale Downloads sind ein großes Problem. Mit Smart Contracts und der Blockchain jedoch könnten das Geschäft wieder einen ordentlichen Aufschwung erleben. Jeder Käufer kann über die Smart Contracts seine Auswahl an Musiktiteln bestellen. Gleichzeitig wird die Bezahlung mit Ethereum-Token automatisch abgewickelt. Sofort nach Bezahlung können die Titel heruntergeladen werden. Das würde es jedem Musikanbieter gestatten, jeden Käufer rund um den Globus zu erreichen. Ein Käufer in Japan würde nicht von Transaktionskosten abgeschreckt werden, denn man braucht keinen Banktransfer. Dieser Käufer könnte dann selbst einen einzigen Titel noch problemlos bestellen und bezahlen, auch, wenn der Verkäufer sich vielleicht in Deutschland oder den USA befindet.

Ähnlich der Musikindustrie, könnten auch andere, kleinere Geschäfte sich online etablieren, sofern ihre Waren digital transferiert werden können. Diese kleinen Läden würden damit sofort zu globalen Anbietern werden.

Das immer attraktiver werdende Self-Publishing würde noch mehr anwachsen. Self-Publishing bedeutet, dass jemand ein E-Book schreibt oder seinen eigenen Song produziert und diese Produkte dann online anbietet. Bisher musste dies über große Plattformen geschehen. Mit der Blockchain könnte jedoch jeder in Eigenregie seine Werke anbieten. Die Bezahlung würde automatisch über die Token erfolgen.

Dank der Eigenschaft, dass eine Blockchain niemals vergisst, würde sich auch nachvollziehen lassen, wer das Urheberrecht zu den Werken hat. Ebenso ließe sich das unerlaubte Weitergeben der Werke unterbinden. Dieses müsste nämlich als Transaktionen vorgenommen werden und würde als Urheberrechtsverletzung zurückgewiesen werden.

Entwicklungsländer könnten neue Chancen zum Wachstum erhalten. Heute sind gerade die Banktransfers ein Hindernis. Während die Entwicklungsländer auch kleinste Aufträge weit günstiger abwickeln könnten, stehen die Dauer der Banktransfers und die damit verbundenen Gebühren einer wirkungsvollen Auftragsvergabe im Wege. Dank Blockchain und digitaler Token jedoch könnte ein Unternehmen in Afrika einen Auftrag aus Deutschland bearbeiten, die Arbeit abliefern und die Bezahlung erhalten. Die Lieferung und Bezahlung könnte durch die Blockchain schnell und kostengünstig vorgenommen werden.

Die Banken ächzen heutzutage unter der Last ihrer Infrastruktur. Da ist es kein Wunder, dass sie die kleinen Filialen überall im Lande schließen. Auf der anderen Seite investieren gerade Banken am meisten in Pilotprojekte, die sich mit der Blockchain befassen. Dank einer sehr effektiven Abwicklung von Transfers könnten nämlich die Anzahl der Angestellten und die gesamte IT-Infrastruktur reduziert werden. Die sich daraus ergebenden Ersparnisse belaufen sich nach Schätzungen auf 20 Milliarden Euro pro Jahr. Neben den finanziellen Einsparungen ist es auch die Beschleunigung der Transaktionen, die die Blockchain attraktiv macht.

Neben den Banken schauen auch Börsen auf die Blockchain. Der Aktienhandel ließe sich ebenso problemlos weltweit über die Blockchain vornehmen. Die schnellen Transfers und Smart Contracts würden dabei vor allem den kurzfristigen Tradern neue Handlungsspielräume eröffnen beziehungsweise ihre normale Arbeit erleichtern.

Die Blockchain vergisst nie und ist vollständig transparent. Wo braucht man das? Bei den Steuern. Die Entrichtung der Steuern könnte so automatisiert werden. Damit könnte man auf kostspielige Steuerberater verzichten. Steuerbetrug und Steuerflucht wären unmöglich. Ohne diese wiederum könnte man die Steuern insgesamt senken. Man könnte das Steuerrecht, eines der kompliziertesten Rechtsgebiete überhaupt, vereinfachen. Geringere und automatische Steuern würden auch die Akzeptanz der Steuern erhöhen. Die Bereitschaft der Bürger wäre einfach höher, ihren fairen Steueranteil zu entrichten.

Hier muss das Ganze aber nicht haltmachen. Transparent und anonym zugleich, auch dafür gibt es ein Spezialgebiet: die Wahlen. Viele Wähler gehen nicht mehr zu Wahl, weil einfach der Aufwand zu groß ist. Sie sehen einfach nicht mehr die Notwendigkeit ein, zur Stimmabgabe hinzugehen. Schlimmer noch sind die dran, die an den Wahltagen arbeiten müssen oder anderweitig verhindert sind. Diese müssen eine Briefwahl beantragen.

Umgekehrt sind die Wahlen in ihrer Durchführung sehr aufwendig. Man braucht die Wahllokale. Man braucht Mitarbeiter. Man braucht Leute, um die Stimmen auszuzählen. All das kostet Zeit und Geld. In der Blockchain hingegen wäre eine Wahl praktisch kostenfrei und augenblicklich durchführbar. Die Wähler wären wieder motivierter, denn sie müssten einfach nur online gehen. Briefwahlen würden der Vergangenheit angehören. Damit nicht genug. Wenn Wahlen einfach und kostengünstig werden, dann kann man auch viel öfter Volksentscheide durchführen. Damit würde der Demokratie als solcher geholfen.

Eine weitere Anwendung, die besonders Transparenz erfordert, wäre das Grundbuch. Der Grundbesitz ist eine komplizierte Angelegenheit, denn man kann nicht einfach auf einen Blick erkennen, wem was gehört. Vielmehr muss man auf das Grundbuchamt gehen. Mit der Blockchain jedoch gäbe es die Transparenz überall. Jeder könnte sehen, wem welches Grundstück gehört. Eine Übertragung des Grundbesitzes wäre dann, dank der Unveränderlichkeit, kein Problem und wäre wie in Stein gemeißelt immer nachvollziehbar.

# Das Mining des Ethereum

Die Blockchain ist im Prinzip das Kontobuch des Ethereum. Als Kontobuch braucht es natürlich Verwalter. Die Verwalter sind die sogenannten Miner. Ihre Tätigkeit ist das sogenannte Mining oder das Schürfen. Dabei verdienen sie nicht nur Geld, sie erschaffen damit im Prinzip die neuen Token. Sie schürfen also die digitalen Münzen.

Das Prinzip der Arbeit der Miner ist sehr einfach. Wenn ein Teilnehmer der Blockchain einen Transfer durchführen möchte, so gibt er die diesbezüglichen Informationen ein. Er teilt also dem System mit, wie viele Token er zu welchem Pseudonym senden möchte. Dazu kommt noch die Signatur beziehungsweise das Pseudonym des Entsendenden. Diese Informationen bilden eine Transaktion. Noch aber ist diese Transaktion weder genehmigt noch ausgeführt.

Jetzt sendet der Computer oder das Smartphone des Teilnehmers, der den Transfer ausführen möchte, die neue Transaktion in das System der Blockchain. Dort stehen die Miner bereit. Diese sind immer auf der Suche nach neuen, noch nicht genehmigten Transaktionen.

Entdecken die Miner eine neue Transaktion, beginnen sie eine Reihe vorbestimmter Rechenprozesse. Sie versuchen, eine Prüfsumme zu finden. Dabei können sie diese nicht so einfach berechnen. Vielmehr müssen sie Prüfsummen nach dem Zufallsprinzip bilden und dann schauen, ob das Ergebnis passt.

Hat ein Miner die Prüfsumme gefunden, dann wird sie als Schloss an die neue Transaktion gehängt. Damit ist diese Transaktion genehmigt. Sie ist jetzt ein neuer Block und kann mit dem Schloss an die Blockchain angehängt werden. Nun sendet dieser Miner das Ergebnis mit der Prüfsumme wieder in das System der Blockchain. Er und die anderen Miner hängen mithilfe des Schlosses den neuen Block an die Blockchain. Damit ist die Transaktion ausgeführt.

Jeder Teilnehmer an der Blockchain, der gerade online ist, erhält die Information mit dem neuen Block und kann damit seine Kopie der Blockchain aktualisieren. Die Teilnehmer, die gerade nicht online sind, können die Aktualisierung später durchführen, wenn sie wieder in das Internet gehen.

Daraus ergibt sich auch gleich eine Gesetzmäßigkeit in der Blockchain. Jeder neue Block wird von dem Miner gebildet, der zuerst die richtige Prüfsumme findet. In anderen Worten, nur der schnellste Miner gewinnt. Das ist ein sehr wichtiger Punkt.

Für jede genehmigte Transaktion bekommt der Miner, der sie genehmigt hat, eine Entschädigung für seinen Aufwand. Diese Entschädigung beträgt 5 Ethereum-Token. Deren Kurs ist derzeit bei ungefähr 400 € pro Token. Das Mining ist also wie ein Rennen und der Gewinner bekommt den Gegenwert von 2000 €.

Alle 5 Sekunden kann ein neuer Block berechnet und an die Blockchain angehängt werden. Alle 5 Sekunden hat man also als Miner eine neue Chance auf 2000 €. Die Berechnung des Blocks dauert jedoch 15 bis 20 Sekunden. Damit haben sich dann wahrscheinlich mehrere Miner an dem Block versucht, denn niemand kann vorhersagen, wer der Erste sein wird. Hier setzt der Ethereum einen Gerechtigkeitsgedanken ein. Die Macher des Ethereum erkannten, dass eine Reihe von

Minern zwar die Rechenoperationen ausführen würden, am Ende aber leer ausgehen könnten. Um diese Ungerechtigkeit etwas zu dämpfen, wird auch der zweitschnellste Miner entschädigt. Dieser bekommt immerhin noch 2 oder 3 Ethereum-Token.

Damit steht fest, dass nur der schnellste beziehungsweise der zweitschnellste Miner etwas bekommt. In anderen Worten, wer sich als Miner versuchen möchte, wird sehr wahrscheinlich leer ausgehen, wenn er nicht über die entsprechende Hardware verfügt. Die Token, die die Miner als Entschädigung enthalten, sind nicht etwa bereits bestehende Token, die aus dem System genommen wurden, sondern es handelt sich dabei um neue Token. Die erfolgreiche Genehmigung der Transaktion beziehungsweise die Berechnungen des schnellsten und zweitschnellsten Miners haben diese Token erschaffen.

Wer sich an das Mining des Ethereum wagen möchte, kann dies auf verschiedenen Wegen tun. Als Erstes kann man komplett in Eigenregie schürfen. Als Zweites kann man sich mit seinen Rechnern an einer Cloud beteiligen und als Drittes kann man einfach einen Cloud-server mieten.

Das Mining in Eigenregie ist der anspruchsvollste der drei Wege. Wenn er jedoch erfolgreich beschritten wird, ist es auch der Einträglichste.

Für das Mining in Eigenregie braucht man zuerst einen Ort, wo man das Mining betreiben kann. Dieser Ort sollte möglichst kühl sein. Wer also ein Haus in der Sonne hat, ist schon im Nachteil. Besser ist es in den Bergen. Noch besser ist es in den Bergen, neben einem Flüsschen. Wenn dann dort auch noch gern ein nicht zu schwacher Wind weht, umso besser. Das sorgt für eine natürliche Kühlung. Dies ist nötig, um die Energiekosten zu senken.

Als Nächstes sollte man über eine günstige Energiequelle verfügen. Natürlich kann man einfach den Strom aus der Steckdose verwenden, doch man wird schnell feststellen, dass diese Kosten erheblich sein können. Wenn man einen der Stromdienste in Anspruch nimmt, die den Strom gebündelt kaufen, dann hat man schon einen kleinen Vorteil. Wenn man noch ein Windrad oder Solarzellen dazu mitbringt, ist das gewiss kein Nachteil. Damit kann man die Kosten für den Strom wirkungsvoll reduzieren.

Sind die Örtlichkeiten und die Energiezufuhr geregelt, dann geht es an die Rechner selbst. Diese sollten möglichst schnell sein. Damit aber nicht genug. Die meisten Rechenoperationen, die für die Blockchain nötig sind, lassen sich nämlich sehr viel schneller über die Grafikprozessoren erledigen. Eine gute GPU schlägt den zentralen Prozessor um Längen. Daher sollte man nicht sparen und mit guten GPUs arbeiten.

Ein Rechner allein wird nicht ausreichen. Hier ist es besser, ein ganzes Regal, ein sogenanntes Rack, zu bestellen. Damit kann man die Rechner platzsparend unterbringen. Kabelwege sind in den Racks von Haus aus vorhanden und man kann die Rechner einfach zusammenschalten.

Die Rechner stehen in dem Rack eng beieinander. Besonders die GPUs neigen allein schon zum Überhitzen, was durch die Nähe zwischen den GPUs noch gefördert wird. Daher wird es Zeit, an die technische Kühlung zu denken. Ventilatoren und Klimaanlagen sollten kein Fremdwort sein. Vor allem der Energiefresser Klimaanlage ist es, der den billigen Energieeinkauf bedingt. Eine natürliche Kühlung senkt natürlich diese Kosten noch einmal wirkungsvoll.

Nun meldet man sich in der Blockchain als Miner an und beginnt mit dem Schürfen. Dabei ist es unerlässlich, sich ständig über Miningoperationen und den dementsprechenden Computerentwicklungen auf dem Laufenden zu halten. Neue Chips kamen bereits für den Bitcoin auf den Markt. Es steht zu erwarten, dass eine derartige Entwicklung auch bei dem Ethereum einsetzt. Es ist wichtig, nicht den Anschluss an solche Neuerungen zu verpassen. Wie gesagt, nur der schnellste und der zweitschnellste Miner haben eine Chance auf einen Profit. Wenn man hier abgehängt wird, dann geht man einfach nur noch leer aus und der gesamte Aufwand war umsonst.

Wer es nicht ganz im Alleingang versuchen möchte, kann sich mit seinen Rechnern mit anderen Minern in einer Cloud zusammenschließen. Dabei berechnen die verschiedenen Rechner, an verschiedenen Orten, über die Cloud vernetzt, die Prüfsummen gemeinsam. Damit sind sie schneller und haben eine höhere Chance auf die Token. Jeder beteiligte Miner bekommt einen Anteil an den Token, der seinem Anteil an den Berechnungen entspricht. Aber auch hier ist der größte Feind des Miners der Aufwand. Darum gilt alles, was man für das Mining in Eigenregie beachten muss, auch hier. Man braucht also einen Ort mit einer guten natürlichen Kühlung, um den Kühlaufwand zu minimieren. Man braucht eine günstige Stromquelle, um die Energiekosten kleinzuhalten. Da der Anteil an den Token dem Anteil an den Berechnungen entspricht, ist eine größere Rechenleistung gleichbedeutend mit mehr Token. Ebenso muss man sich auf dem neuesten

Stand halten, um zu verhindern, dass man mit seiner Rechenleistung abgehängt wird.

Wer sich nun überhaupt nicht mit Kühlung, Energiekosten, Rechenleistung und GPU auskennt oder befassen möchte, der kann sich auch einen Cloudserver direkt mieten. Diese kann man einfach über das Internet finden und für sich arbeiten lassen. Die Preise richten sich nach der Leistung und der Dauer der Miete. Dabei sollte man jedoch sehr vorsichtig vorgehen und die Preise sehr genau vergleichen und kalkulieren. Die Miete bezahlt man nämlich immer, ob man damit nun irgendwelche Token bekommt oder nicht. Oftmals ist die Miete so hoch, dass damit die Gewinne, die man mit den Token machen kann, komplett negiert werden.

# Die Aufbewahrung der Token

Wenn man an dem Ethereum teilnehmen will, muss man sich an der Blockchain beteiligen. Dabei kommt es natürlich auch darauf an, dass man in der Lage ist, die Token des Ethereum aufzubewahren. So, wie es mehrere Wege gibt, die Token zu bekommen, so gibt es auch mehrere Wege, diese zu speichern.

Natürlich sind die Ethereum-Token digitales Geld. Als solches gibt es keine Brieftasche oder Portemonnaie, in welchem man sie aufbewahren kann. Ebenso gibt es noch keine Bank, die sie auf einem Konto verbucht. Nebenbei bemerkt wäre das auch widersinnig. Es geht schließlich darum, die Macht der Institute zu brechen, daher sind Banken als zentrale Finanzinstitute ohnehin unerwünscht. Jeder ist im Grunde genommen seine eigene Bank.

Da man seine eigene Bank ist, muss man die digitalen Münzen auch selbst aufbewahren. Das geht in einer sogenannten Wallet. Wallet ist ein englisches Wort, das sinnigerweise mit Brieftasche übersetzt wird. Man steckt also seine Token in eine Wallet, um sie nicht zu verlieren.

Eine Wallet für den Ethereum oder andere digitale Münzen klingt geheimnisvoll. Dabei ist es im Grunde genommen nichts anderes als ein elektronischer Schlüssel. Im Prinzip hat jede Wallet sogar zwei Schlüssel, einen öffentlichen und einen privaten. Der öffentliche Schlüssel gestattet es den anderen Nutzern der Blockchain, in die Wallets der anderen Teilnehmer zu schauen. So kann jeder sehen, wer über wie viele Münzen verfügt. Der private Schlüssel wiederum gestattet einen Zugriff auf die Token. Mit dem privaten Schlüssel kann man also diese transferieren.

Der private Schlüssel und die Wallet sind das Wichtigste, das jeder Teilnehmer an der Blockchain besitzt. Nur mit diesem Schlüssel kann man auf die Token zugreifen. Verliert man diesen Schlüssel, dann ist auch der Zugriff auf die Token verloren. Während die Token zwar noch immer in der Blockchain existieren, kann niemand mehr etwas damit anfangen.

Für die verschiedenen Bedürfnisse der Teilnehmer, in der Blockchain, gibt es unterschiedliche Wallets. Diese balancieren die Wichtigkeit des einfachen Zuganges mit der Sicherheit in verschiedenen Maßen. Zusammengefasst kann man wenigstens 5 Hauptversionen der Wallets unterscheiden. Es gibt die Wallets für den Computer, die Wallets für ein Mobilgerät, Wallets, die online gespeichert sind, Hardware-Wallets und Paper-Wallets.

Bevor man sich für eine Wallet entscheiden kann, muss man sich aber über deren Bedeutung klar sein. Die Ethereum-Token, ebenso wie die Coins anderer Kryptowährungen, können einen sehr großen Wert repräsentieren. Selbst, wenn sie mit einem sehr kleinen Wert beginnen, steigen sie doch über die folgenden Jahre auf das Hundertfache und mehr an. Dieser Wert, gerechnet auf die Anzahl der gehaltenen Coins und Token, kann in die Hunderttausende, mitunter sogar in die Millionen, gehen. Man sollte daher seine Entscheidung darüber, welche Wallet man verwenden möchte, absolut nicht leichtfertig fällen.

Desktop-Wallets sind die einfachste Version einer Wallet. Man speichert sie auf seinem Rechner. Damit ergeben sich verschiedene Vorteile, aber auch Nachteile. Der hauptsächlichste Vorteil ist die relative Sicherheit. Die Desktop-Wallets sind nämlich nicht permanent mit dem Internet verbunden. Solange der Computer selbst offline ist, ist es auch die Wallet. Damit ist sie den Zugriffen von Hackern und anderen böswilligen Personen entzogen.

Auf der anderen Seite kann man die Token natürlich nur versenden, wenn man online ist. Außerdem benutzen die Computernutzer diese natürlich gerade, um zu surfen. So bieten diese Art von Wallets schon einige Zeitfenster, in denen sie angreifbar sind. Ebenso kann eine Desktop-Wallet das Opfer eines Virus werden, ohne, dass sie das eigentliche Ziel bildete. Wenn bei der Löschung des Virus aus Versehen auch die Wallet mit gelöscht wird, dann sind die Token unerreichbar geworden.

Desktop-Wallets sind in ihrer Grundausführung besonders einfach zu bekommen. Wenn man sein Pseudonym in einer Blockchain erstellt, hat man schon seine erste Desktop-Wallet. Neben diesen Standard-Wallets gibt es aber noch andere Wallets, die sich unterschiedlichen Philosophien verschrieben haben. Diese Wallets kann man in Onlineshops kaufen und herunterladen.

Die speziellen Versionen von Desktop-Wallets versuchen, die Grundausführung oftmals in einem wichtigen Kerngebiet zu verbessern. Einige Unterversionen der Desktop-Wallet dienen vor allem der erhöhten Sicherheit. Hier werden besondere Anforderungen an den Schlüssel gestellt und die Wallets mit einem Schutz gegen sogenannte Wallet-Würmer versehen.

Eine andere Unterversion der Desktop-Wallet zielt darauf ab, die Anonymität zu erhöhen. Diese Wallet kommt mit mehreren Pseudonymen. Sie transferiert die Token ständig zwischen diesen Pseudonymen hin und her. Damit ergeben sich keine verwertbaren Muster der Bewegungen. Der eigentliche Inhaber der Wallet bleibt nicht nur selbst unerkannt, es ist auch schwerer, seine finanziellen Mittel abzuschätzen.

Während die Desktop-Wallet, besonders in ihren Unterversionen, verschiedene Bedürfnisse anspricht, hat sie jedoch besonders einen wesentlichen Nachteil. Man braucht für sie einen Computer. Sei es nun ein Desktop-Computer oder ein Laptop, beide Geräte sind relativ groß und eignen sich nicht dazu, sie im Vorbeigehen zu verwenden. Es fehlt bei dieser Art Wallet einfach die Mobilität.

Wem es auf Mobilität ankommt, der ist mit einer Mobile-Wallet gut beraten. Diese Art der Wallet ist eine App für Mobilgeräte. Sie funktioniert auf Smartphones, Tablets und Smartwatches. Mit dieser Wallet kann man überall auf seinen Mobilgeräten seine Token verwalten und transferieren.

Was die Mobile-Wallet mit ihrer Mobilität als Pluspunkt aufweist, bezahlt sie aber auf einer anderen Weise mit einem gehörigen Nachteil. Die Blockchain ist eine sehr große Datei. Wollte man diese auf sein Smartphone herunterladen, würde man damit gleich mehrere Probleme bekommen. Das Erste wäre der Speicherplatz auf dem Mobilgerät selbst. Dieser wäre sehr schnell erschöpft. Weiterhin sind die Verbindungen mit den Mobilgeräten nicht immer die schnellsten. Damit würde man einen erheblichen Zeitaufwand für den Download haben. Damit nicht genug sind auch die Gebühren auf den Smartphones höher als bei dem WiFi daheim. Man würde also sehr schnell einen sehr hohen Kostenberg anhäufen.

Um dem Problem der Blockchain, ihrer Größe, beizukommen, verwendet die Mobile-Wallet eine verkürzte Blockchain. Damit ist der Download wesentlich kleiner. Man verbraucht also nicht so viel Geld, Zeit oder Speicherplatz. Auf der anderen Seite sieht man damit aber nur einen kleineren Teil der Blockchain. Man ist also kein vollwertiger Teilnehmer, der das gesamte Kontobuch einsehen kann. Man sieht nur den Ausschnitt mit den neuesten Einträgen. Für die meisten ist dieser Nachteil wahrscheinlich jedoch zu verkraften.

Nun ist mit der Mobile-Wallet und der Desktop-Wallet der Nachteil verbunden, dass diese an ihre jeweiligen Geräte gebunden sind. Man kann zwar die Token zwischen beiden Wallets austauschen, man kann jedoch nicht mit einem Gerät auf beide Wallets zugreifen. Da bietet sich als Alternative die Online-Wallet. Diese bietet den ultimativen Komfort. Man kann sie von jedem Gerät aus ansteuern und benutzen. Alles, was man braucht, ist eine Internetverbindung. Das ist echte Mobilität.

Wer jedoch ein wenig darüber nachdenkt, wird auch gleich den Nachteil der Online-Wallet entdecken. Der Gedanke des Ethereum war es, die Macht aus den Händen der Serverfarmen und Plattformen zu nehmen. Eine Online-Wallet jedoch ist wiederum auf einem Server hinterlegt. Sie sind oft Bestandteile in bestimmten Plattformen, wie Onlinebörsen. Dort bekommt man eine Online-Wallet, sobald man einen Account eröffnet hat. Das bedeutet, dass sich diese Wallet in dem Machtbereich von jemand anderes befindet. Man hat keine wirkliche

Kontrolle über die Wallet. Die Plattform bestimmt die Regeln. Auch ist es die Plattform, die ihre Sicherheitsmaßnahmen selbst festlegt. Diese Plattformen, und damit die Online-Wallet, sind permanent online und Hackerangriffen ausgesetzt. Für eine Online-Wallet braucht man, angesichts des Wertes, den die Ethereum-Token mittlerweile repräsentieren, eine gehörige Portion Vertrauen.

Wer nun ganz unabhängig und sicher sein möchte, der sollte in eine Hardware-Wallet investieren. Diese Wallets kann man überall bestellen und sie kosten irgendwo zwischen 15 und 100 €. Das Gute an diesen Wallets ist, dass man sie nur dann mit dem Internet verbinden muss, wenn man die Token wirklich verwenden möchte.

Eine Hardware-Wallet ist im Grunde genommen nichts anderes als ein spezieller Memory-Stick. Diesen kann man zum Benutzen der Wallet in den USB-Port stecken. Dann geht man online und empfängt oder sendet seine Token. Danach zieht man die Wallet wieder aus dem Port. Solange sie nicht eingesteckt ist, ist sie vor Hackern 100 % sicher.

Wer vor den Kosten einer Hardware-Wallet zurückschreckt, der kann sich auch eine Paper-Wallet erstellen. Diese Wallet ist einfach auf Papier gedruckt. Die Programme, die man zur Erstellung braucht, sind kostenlos im Internet zu finden. Die Wallet selbst besteht nach dem Ausdrucken einfach aus einem QR-Code.

Das Gute an der Paper-Wallet ist, dass sie einfach nicht online ist. Dafür ist sowohl ihre Herstellung als auch ihre Aufbewahrung mit einem gewissen Aufwand verbunden. Bei der Erstellung sollte man einen Computer verwenden, der komplett neu aufgesetzt ist. Dadurch schützt man sich vor Spyware und Keyloggern. Man geht online und startet das Programm zur Erstellung der Wallet. Dieses Programm kann auch weiterlaufen, nachdem der Computer vom Internet getrennt ist. Darum trennt man ihn sofort nach dem Start vom Internet. So kann niemand direkt mitlesen, was man treibt.

Jetzt lässt man das Programm die Paper-Wallet erstellen. Diese druckt man auf einem Drucker aus. Dieser Drucker sollte jedoch nicht mit einem Netzwerk verbunden sein. Dann könnte nämlich jemand anderes den Druckvorgang kopieren. Nach dem Ausdrucken löscht man die Datei, die als Wallet auf dem Computer erstellt wurde. Damit hat man dann seine sichere Paper-Wallet.

Als Paper-Wallet lässt sich diese Version der Wallet natürlich nicht hacken. Andererseits ist Papier natürlich anfällig. Es kann sehr leicht verschmutzt oder beschädigt werden. Daher stellt die Aufbewahrung dieser Wallet besondere Anforderungen an die Benutzer.

Das Beste ist, die Paper-Wallet zu laminieren. Sollte das aber nicht gehen, dann bewahrt man sie in einem verschließbaren Plastikbeutel auf. Weiterhin sollte man sie nicht knicken. Wenn die Paper-Wallet zu viel Wert enthält, dann ist es auch keine schlechte Idee, sie in einem Bankschließfach aufzubewahren.

# Die Sicherheit

Wenn man ein Nutzer des Ethereum und seiner Blockchain wird, dann wird man mit einiger Sicherheit auch die Token in seiner Wallet haben. Diese Token stellen einen wachsenden Wert dar. Dieser mag Tausende, Zehntausende, Hunderttausende oder sogar Millionen von Euro betragen. Mit dieser Art Wert, die auf diese Art einer Speicherung aufbewahrt ist, ist es kein Fehler, auch ein wenig an die Sicherheit zu denken und dabei gibt es eine Menge, über das man sich im Klaren sein muss.

Das Erste und Wichtigste ist die Erkenntnis, dass die Blockchain ein Netzwerk darstellt und über das Internet funktioniert. Das öffnet die Türen für Viren, Trojaner, Hacker und all die anderen Hässlichkeiten, die sich im World Wide Web tummeln. Darum sollte der erste Gedanke der Internetsicherheit gelten.

Beginnen wir mit E-Mails. Diesen gegenüber sollte man ein gesundes Misstrauen entwickeln. Manchmal kommen E-Mails mit Viren von einer Adresse, die man kennt. Das kann immer dann passieren, wenn der Virus zuvor das Adressbuch des Bekannten heimgesucht hat. Darum gilt, keine Anhänge öffnen, bevor sie nicht mit einem Anti-Virus-Programm gecheckt wurden. Es ist auch kein Fehler, in ein besonders gutes Anti-Viren-Programm zu investieren.

Weiterhin sollte man auf die eigene Firewall den einen oder anderen Gedanken verwenden. Eine gute Firewall ist ein Schutz gegen Hacker. Es wird also Zeit, auch hier ein wenig einfallsreicher zu sein.

Am besten nutzt man eine Wallet, die man die meiste Zeit vom Internet getrennt hält. Damit ist ein gewisser Schutz gegen Viren und Hacker von Haus aus gegeben. Für die Zeit, in denen man dann die Wallet online bringen muss, braucht man eine gute Firewall. Dazu sollte man die Zeit online so kurz wie möglich gestalten.

Es ist aber nicht nur die Aufbewahrung selbst, die ein Nachdenken wert ist. Auch die Transfers bieten genug Anlass, vorsichtig zu sein. Das beginnt schon mit der Eingabe eines Transfers. Jeder kann mal einen Fehler machen. Besonders Tippfehler sind ein normales Vorkommnis.

Bei einer Banküberweisung sind Tippfehler kein Problem. Man geht einfach zu seiner Bank und holt sich den Geldbetrag zurück. Mit dem Ethereum geht das nicht. Alle Transfers sind endgültig. Es gibt keine Funktion, einen einmal durchgeführten Transfer zurück abzuwickeln. Man kann auch nicht außerhalb der Blockchain den Anderen kontaktieren. Die Blockchain ist mit ihren Pseudonymen anonym. Man weiß also nicht einmal, wem man gerade versehentlich seine Token geschickt hat. Man weiß nur, dass der Empfänger wahrscheinlich nicht unglücklich darüber sein wird.

Eine besondere Gefahr kommt dann auf, wenn man die neue Methode mit einer alten kreuzt. Wer also auf eBay Ethereum-Token gegen Geld erwirbt, sollte sehr gut aufpassen. PayPal zum Beispiel bietet besondere Optionen, die eigentlich einen Schutz darstellen sollen. Sie werden jedoch oft missbraucht. So kann jemand die Token erwerben und dafür mit PayPal eine Zahlung vornehmen. Dann behauptet der Käufer, dass die Token nie transferiert wurden. PayPal erstattet die

Zahlung zurück. Dumm nur, dass man die Token nicht zurückholen kann. Sprich, man hat die Token endgültig transferiert, doch der Käufer hat über die Schutzfunktion von PayPal sein Geld zurückgeholt. Der Verkäufer geht dabei leer aus.

Die Aufbewahrung selbst steckt ebenfalls voller Gefahren. Neben der bereits angesprochenen Netzsicherheit ist es vor allem der Verlust einer Wallet, den man verhindern muss. Wenn man bei einer Bank ein Konto eröffnet, bekommt man eine EC-Karte und vielleicht auch noch Visa oder MasterCard, vielleicht sogar beides. Verliert man eine dieser Karten, dann genügt ein Telefonanruf und man kann sie sperren lassen. Dann geht man zur Bank, weist sich aus und erhält eine neue Karte.

Der Ethereum hat keine Bank. Man hat sich nie ausgewiesen und man kann sich auch jetzt nicht ausweisen. Alles, was es gibt, ist das Pseudonym und der Schlüssel, sprich, die Wallet. Hat man den Schlüssel verloren, gibt es keine Stelle, zu der man gehen kann. Man kann sich nirgendwo einen neuen Schlüssel holen. Hat man also den Schlüssel verloren, dann hat man auch alle Token in der Wallet verloren.

Neben all diesen Gefahren gibt es aber eine noch größere Gefahr. Die gesamte Währung Ethereum kann verschwinden. Dazu gibt es mehrere plausible Szenarien.

Die Kryptowährungen, der Ethereum eingeschlossen, sind allesamt anonym. Das bedeutet, jeder kann diese Währungen benutzen, ohne dass man nachverfolgen kann, wer welches Geld wohin geschickt hat. Niemand kann wissen, wer sich hinter den Pseudonymen verbirgt. So weit, so gut.

Jetzt muss man aber etwas wissen. International gibt es ein großes Problem. Dieses Problem wird Schmuggel genannt. Dieser Schmuggel umfasst so gut wie alles, von Zigaretten über Drogen bis hin zu Menschen. Vor allem der Menschenschmuggel und der Drogenschmuggel sind dabei das Gefährlichste.

Diese Schmuggelei stellt die Schmuggler aber vor drei Probleme. Das erste Problem ist, die Menschen beziehungsweise die Drogen an ihren Bestimmungsort zu bringen. Dieses Problem wird auf verschiedenen Wegen, mit wechselhaftem Erfolg, gelöst.

Nach einer erfolgreichen Lieferung hat der Schmuggler aber nicht nur gleich ein zweites Problem, das zweite Problem ist sogar noch viel größer, als der ursprüngliche Schmuggel. Das zweite Problem ist das Geld, dass man für die Ware bekommen hat, wieder zum Ausgangsort des Schmuggels zu bewegen.

Gerade beim Drogenhandel ist der Geldschmuggel weit schwieriger als der eigentliche Drogenschmuggel. Das liegt daran, dass ein Kilo Drogen ein sehr viel kleineres Volumen aufweist als die Menge Geld, die man dafür erhält. Das haben die Drogenfahnder erkannt und daher gibt es bestimmte Gesetze, die den Geldschmuggel unterbinden sollen.

Damit nicht genug. Das dritte Problem ist, dass die Schmuggler das Geld waschen müssen. Dahinter verbirgt sich nichts anderes, als eine legitime Herkunft für das Geld zu schaffen. Man kann einfach nicht eine beliebige Menge Geld verwenden. Die Geldwäschegesetze verlangen, dass man ab einer bestimmten Summe einen Nachweis erbringen muss, wo das Geld herkommt.

Die Kryptowährungen erlauben es den Schmugglern nun, das zweite und das dritte Problem ganz einfach zu lösen. Sind die Euros einmal in Ethereum und Co umgewandelt, lassen sie sich augenblicklich überall hin verschicken. Dabei ist ihre Anzahl beziehungsweise ihr Wert absolut egal. Besser noch. Wenn man die Token und Coins wieder verkauft, hat man für die erhaltenen Dollars und Euros einen legitimen Herkunftsnachweis. Damit hat man eine Lösung für gleich zwei Probleme der kriminellen Netzwerke.

Natürlich wissen die Staaten, dass die Kryptowährungen den Schmugglern eine willkommene Hilfestellung bieten. Daher werden diese Währungen auch von den Staaten genau unter die Lupe genommen. Diese Staaten haben die Geldwäsche- und Geldschmuggelgesetze erlassen und sehen es nicht gerne, dass diese Gesetze ausgehebelt werden. Sollte die Verstrickung von Kriminalität und Kryptowährungen überhandnehmen, dann werden diese kurzerhand verboten, was den Ethereum mit einschließt. In diesem Fall wären die Währungen, einschließlich Ethereum, schlicht und ergreifend am Boden und erledigt.

Fraglich ist, ob man dann sein investiertes Geld überhaupt noch durch einen Verkauf zurückbekommen kann. Das erscheint sehr unwahrscheinlich. Wahrscheinlich werden die Währungen mit einem scharfen Schnitt verboten. Dann kann man sie von heute auf morgen nicht mehr verwenden und sitzt auf seinen bereits erworbenen Token und Coins. Sollte das Verbot aber mit einer Vorwarnzeit erfolgen, dann werden alle versuchen, die Token und Coins zu verkaufen. Niemand jedoch wäre bereit, sie zu kaufen. Im besten Fall gibt es einen Preissturz mit einem ordentlichen Verlust, im schlimmsten Fall bleibt man auf dem dann wertlosen Geld sitzen.

Man muss jedoch nicht einmal an so ein Extrem, wie ein Verbot denken, um ein plausibles Szenario zu erschaffen, das eine Kryptowährung, wie den Ethereum, vom Markt vertreibt. Es geht sehr viel einfacher.

Ethereum und Bitcoin erleben beide einen Hype. Ein Hype aber bedeutet, dass der Wert der Token und Coins nur deswegen steigt, weil die Leute eine gewisse Vorstellung davon haben. Dieser Wert ist jedoch eine reine Fantasiegeburt und mit nichts gedeckt. Es entwickelt sich eine sogenannte Blase. Blasen haben jedoch die Angewohnheit, zu platzen. Das geschieht dann, wenn sich der Fantasiewert allzu weit vom realen Wert entfernt hat. Dann fangen die Menschen an, diesen Wert zu hinterfragen. Es werden sich weniger Käufer für die Währung finden. Der Kurs wird nicht weiter ansteigen. Die Halter der Währung werden beginnen, zu zweifeln. Sie erwarten, dass der Scheitelpunkt erreicht ist und es nun bergab geht. Sie wollen jedoch nicht in die Talfahrt geraten. Stattdessen versuchen sie jetzt, solange der Wert noch hoch ist, ihre Token und Coins zu verkaufen.

Die Folge ist, dass eine große Menge an Token und Coins auf den Markt geworfen wird. Was geschieht, wenn es von einer Sache ein Überangebot gibt? Richtig, der Preis verfällt. So wird auch der Preis des Ethereum regelrecht einbrechen. Das wird noch mehr Halter der Währung dazu bewegen, ihre Token abzustoßen. Damit aber beschleunigen sie die Talfahrt. Diese Abwärtsspirale wird zu einer Todesspirale führen, und alle Leute werden den Unterschied zu einer gesetzlichen Währung erfahren, und dieser Unterschied ist erheblich.

Eine gesetzliche Währung muss verwendet werden. In ihrem Raum gibt es niemand, der sich weigern kann, sie in seinem Laden zu akzeptieren. Sie kann also nicht verschwinden. Eine Kryptowährung jedoch hat diesen Schutz nicht. Sie kommt aus dem Nichts und kann auch dorthin zurückkehren. Das geschieht dann, wenn die Talfahrt die Händler, die den Ethereum akzeptieren, dazu bringt, diese Währung zurückzuweisen. Damit würde sie auch für den letzten Zweifler klar erkennbar keine Währung mehr sein. Auch noch der letzte Inhaber von Ethereum-Token wird versuchen, seine Token loszuwerden. Es wird aber keine Käufer mehr geben. Die Währung ist dann erledigt.

Sind diese beiden Szenarien zu weit hergeholt? Okay, man muss nicht so weit gehen. Der Bitcoin hat ein Stadium erreicht, das dem Ethereum noch bevorsteht. Da der Bitcoin dem Ethereum voraus ist, sollte jeder, der am Ethereum interessiert ist, bereit sein, von dem Bitcoin zu lernen.

Wie der Ethereum, so wird auch beim Bitcoin das Mining der Coins immer schwerer, je mehr Coins sich auf dem Markt befinden. Das führt zu einer unvorhergesehenen Entwicklung. Das Mining rentiert sich nicht mehr. Der Aufwand für das Mining wird so hoch, dass die erhaltenen Coins beziehungsweise die erhaltenen Token nicht mehr ausreichen, um diesen Aufwand mit seinen Kosten zu decken. Im Bitcoin gibt es keine selbstständigen Miner mehr. Es gibt nur noch Clouds und selbst von diesen sind nur noch drei über, die den Markt unter sich aufteilen. Auf diese Entwicklung steuert auch der Ethereum zu. Das bedeutet jedoch ein Aus für die Dezentralität. Es bedeutet, dass die Clouds die Kontrolle an sich reißen können. Davon abgesehen bedeutet es auch, dass bald niemand mehr bereit ist, die

Währung zu schürfen. Was passiert dann? Die Miner schalten ab und die Blockchain ist erledigt. Ohne die Blockchain gibt es aber auch keinen Ethereum.

Solange es der Ethereum nicht geschafft hat, eine gesetzlich anerkannte Währung zu sein, so lange ist er in Gefahr, einfach zu verschwinden. Bis dahin muss man also vorsichtig sein, wenn an sich in dieser Währung engagieren möchte.

# Fakten und Informationen

Der Ethereum mag eine gute Idee darstellen und einem lobenswerten Ideal folgen. Bevor man jedoch in diese Währung investiert, sollte man ein paar harte Fakten kennen.

Der Ethereum wurde das erste Mal im Jahre 2013 vorgeschlagen. Sein Vater war Vitalik Buterin. Buterin war ein Wissenschaftler, der sich mit dem Thema Kryptowährungen auseinandergesetzt hatte.

Um den Ethereum als Projekt zu finanzieren, gab es ein Crowdfunding-Projekt im Jahre 2014. Dieses erbrachte genug Finanzmittel, um mit dem Ethereum zu beginnen. Am 30. Juli 2015 wurde der Ethereum dann als System eingeschaltet. Seitdem hat sich der ursprüngliche Ethereum in zwei Währungen aufgespalten.

Die Aufspaltung geschah aufgrund des DAO-Projektes. Dieses Projekt sollte eine dezentrale, autonome Organisation sein. Ohne Bindung an ein Land konnten die Investoren die Richtung dieses Projektes bestimmen. Leider wurde das DAO-Projekt mit einem kleinen Fehler in seinem Programm erstellt. Dieser Fehler wurde ausgenutzt, um ungefähr ein Drittel der Finanzmittel dieses Projektes zu entwenden. Daraufhin hatte sich die Gemeinschaft in diesem Projekt entschlossen, das gesamte Projekt zurückzusetzen. Diese Entscheidung wurde aber nicht allgemein anerkannt. Das führte dazu, dass der Ethereum aufgespaltet wurde. Heute gibt es den Ethereum und den Ethereum Classic. Letzterer repräsentiert den Weg, den das DAO-Projekt genommen hätte, wäre es nicht unter dem Betrug zusammengebrochen.

Der Preis des Ethereum-Tokens schwankt erheblich. Unterschiede ergeben sich dabei nicht nur von Tag zu Tag, sondern auch von Plattform zu Plattform. Als das DAO-Projekt scheiterte, fiel der Ethereum von 20 € auf nur 7 €. Danach erholte sich der Preis auf ein Hoch von zuletzt mehr als 400 €.

Der Preis von 400 € kann dabei aber auch crashartig fallen. So geschah es, dass auf einer Plattform ein Großauftrag den Preis mit einem Schlag auf nur 0,10 € pro Token fallen ließ.

Hier erkennt man auch das Hauptproblem, mit dem die Kryptowährungen, einschließlich des Ethereum, zu kämpfen haben. Ihre Anzahl ist nicht groß genug. So können die Käufe und Verkäufe unverhältnismäßige Auswirkungen haben.

Das führt zu einem weiteren Phänomen. Hat jetzt jemand zum Beispiel Token im Wert von einer Million Euro, dann hat er noch nicht diese eine Million Euro. Die Token lassen sich nicht im Supermarkt oder beim Autohändler verwenden. Um den Wert von einer Million Euro zu erhalten, müsste diese Person die Token verkaufen. Der Verkauf von einer Menge Token, die einen Wert von einer Million Euro repräsentieren, würde jedoch schlagartig den Wert des Ethereum drücken. Damit wäre der Gegenwert mitnichten eine Million Euro, sondern mit etwas Glück nur die Hälfte. Mit etwas Pech könnte der Wert aber sogar auf ein Zehntel fallen.

Der Ethereum verwendet für seine Blockchain und seine Smart Contracts eine eigene Programmiersprache. Diese trägt den Namen Solidity und wurde eigens für den Ethereum entwickelt. Sie basiert auf dem JavaScript. Sie wird verwendet, um die Ethereum-Virtual-Machine zu programmieren. Diese EVM ist die Umgebung für die Smart Contracts. Sie macht die Smart Contracts als betrugssichere Vertragsform erst möglich.

Die Anzahl der Ethereum-Token wird nach einer Prognose im Jahre 2017 um 14,75 % ansteigen. Diese Zahl soll jedoch in den folgenden Jahren absinken. Im Jahre 2065 soll der Anstieg der Anzahl auf gerade noch 1,59 % fallen. Ziel ist es damit, den Ethereum in seinem Wert stabil zu erhalten. Was jedoch wirklich geschieht, ist, dass im Moment das Angebot an den Token der Nachfrage hinterherhinkt. Dadurch erklären sich auch die teils astronomischen Anstiege im Wert des Ethereum.

Der Ethereum ist nicht frei von kriminellen Aktivitäten. Neben dem beschriebenen Geldschmuggel und der Geldwäscherei ist es aber vor allem das Pyramidensystem, dass den Beobachtern des Ethereum Kopfschmerzen bereitet.

Pyramidensysteme stützen sich zur Erzielung von Einnahmen auf die Anwerbung neuer Investoren oder Mitglieder. Diese bringen eine Summe Geld ein. Dieses Geld ist der Profit. Angeblich wird mit diesem Geld ein Profit erwirtschaftet, doch das geschieht entweder gar nicht oder nur in einem geringen Umfang.

Die Investoren oder Mitglieder werden durch bestimmte Anreize dazu ermuntert, ihr Geld nicht abzuziehen. Dazu gehören vorteilhafte Zinsen auf die Profite und andere Versprechungen. Sollte jedoch wirklich jemand aus dem Pyramidensystem aussteigen wollen, bekommt er seine Investition oder seine Einlage zusammen mit einem Profit zurück. Der Profit wird einfach der Einlagesumme der anderen

Mitglieder oder Investoren entnommen. Da aber niemand weiß, woher der Profit kommt, schafft dieser vereinzelte Ausstieg Vertrauen und bewegt die anderen, im System zu verbleiben.

Pyramidensysteme verlassen sich auf die Unwissenheit der Mitglieder beziehungsweise der Investoren. Diese wissen entweder nicht, was ein Pyramidensystem ist oder sie erkennen nicht, dass das vorgeschlagene System ein Pyramidensystem ist.

Ein Pyramidensystem ist daran zu erkennen, dass besonders hohe Versprechungen über den Gewinn gemacht werden, aber der Weg zu dem Gewinn entweder nicht oder nur sehr schwammig erklärt wird.

Die Kryptowährungen unterstützen solche Pyramidensysteme erheblich. Kryptowährungen sind neu. Ihre Zusammenhänge und Abläufe sind noch nicht richtig bekannt. Selbst die Macher durchschauen nur unvollständig, was sich da alles abspielt. Das kann man leicht an dem DAO-Projekt ablesen.

Die Folge ist, dass sich Pyramidensysteme sehr leicht in dem Gewand der Kryptowährungen verstecken lassen. Die Betroffenen wissen nicht, dass die vorgeschlagenen Investitionen in Wahrheit nur ein Pyramidensystem darstellen. Stattdessen glauben sie Versprechungen über den Anstieg der Kryptowährungen und über die Sicherheit, mit der sich Investitionen in diese Währungen auszahlen.

Die Universität von Cagliari hat eine Studie angefertigt. In dieser Studie wurden 1384 Smart Contracts aus der Ethereum Blockchain untersucht. Nach dieser Studie sollen 10 % dieser untersuchten Smart Contracts mit Pyramidensystemen in Verbindung stehen. Auf der anderen Seite wird jedoch auch erklärt, dass die von der Gesamtanzahl an Transaktionen nur 0,05 % etwas mit Pyramidensystemen zu tun haben.

Wenn man also in den Ethereum oder irgendeine andere Kryptowährung investieren möchte, muss man unbedingt die Augen nach Pyramidensystemen offenhalten. Die Faustregel ist, dass was zu gut klingt, auch nur selten wahr ist. Wer jedoch die richtige Vorsicht walten lässt, kann mit einer Investition in den Ethereum durchaus einen Profit machen. Man kann jedoch die vielen Fallen nur umgehen, indem man sich umfassend informiert.

# In den Ethereum investieren

Der Ethereum ist die zweite Kryptowährung, die geschaffen wurde. So wie der Bitcoin, so hat auch der Ethereum seit seiner Entstehung einen ständigen Aufschwung erlebt. Natürlich gab es auch Rückschläge, doch insgesamt gesehen kennen die Kryptowährungen nur einen Weg, den Weg nach oben. Daher sind die Kryptowährungen ein beliebtes Investitionsobjekt und werden als eine sichere Investition geradezu empfohlen. Will man in den Ethereum investieren, kann man dies auf verschiedenen Wegen tun.

Die erste Art, in den Ethereum zu investieren, ist das Mining. Die Investition besteht hier darin, dass man die nötige Rechenkraft und Infrastruktur aufbauen muss. Dies gilt für jede der drei Arten des Minings, sei es nun das alleinige Mining, das Cloudmining oder das Mieten eines Cloudminers.

Das Problem mit dem Mining ist der sehr hohe Investitionsaufwand. Um wirklich erfolgreich zu sein, muss man viele und sehr gute Rechner anschaffen oder einen sehr guten und damit teuren Cloudminer mieten. Dabei ist es aber keineswegs sicher, ob sich diese Investition auszahlt. Es besteht eine gute Chance, dass die bestehenden Miner einem immer die Blocks vor der Nase wegschnappen.

Hat man jedoch in eine ordentliche Mining-Power investiert und kann keine Blocks in der Ethereum Blockchain generieren, dann ist die Investition nicht unbedingt umsonst. Den Ethereum kann man nach wie vor mit einem einfachen Rechner und guten GPUs minen.

Sollten die anderen Miner im Ethereum jedoch zu stark sein, dann kann man sein Mining-Unternehmen noch auf andere Währungen umstellen. Man hat also eine Ausweichmöglichkeit.

Eine weitere Methode des Investments in den Ethereum ist die sogenannte Anlage. Dabei steckt man eine gewisse Menge an Euros in die Kryptowährung und hält die Token, während diese in ihrem Wert steigen.

Das Investment kann dabei auf zwei verschiedenen Wegen erfolgen. Man kann einmal eine große Summe in den Ethereum stecken oder über die Monate hinweg jeden Monat eine kleine Summe investieren. Letzteres ist finanziell einfacher zu verkraften und gestattet dennoch einen ordentlichen Gewinn. Ersteres bringt die Aussicht auf einen schnelleren Gewinn.

Will man in den Ethereum als Anlage investieren, dann muss man den Ethereum kaufen. Das kann auf einem von drei Wegen geschehen. Der erste Weg ist für eine Anlage der geeignetste. Man geht einfach zu einer Online-Wechselstube und wechselt eine beliebige Anzahl an Euros in Ethereum-Token.

Für diesen einfachen Umtausch bezahlt man jedoch einen Preis. Die Gebühr für einen Umtausch ist in den Wechselstuben selbst am höchsten. Diese machen ihr Geld über diese Gebühr und damit, dass sie mit dem Ethereum handeln.

Der einfache Umtausch in den Wechselstuben ist so bequem, weil man keine Preise vergleichen muss und sich nicht identifizieren muss. Gleichzeitig ist die höhere Gebühr kein Problem. Man hält die Token lange genug, dass ihr Preisanstieg so viel Profit bringt, dass die

Umtauschgebühr einfach nicht mehr ins Gewicht fällt.

Weiterhin ist die Anlage als Investition sehr bequem. Man muss nicht ständig online sein und Kurse vergleichen. Alles, was man tun muss, ist den Ethereum heute zu kaufen und nach einigen Monaten oder Jahren wieder zu verkaufen. Man hat also keinen weiteren Aufwand und erspart sich eine Menge Stress.

Ein anderer Weg, mit dem Ethereum Geld zu verdienen, ist der Handel mit der Währung. Der Handel wiederum bedeutet, dass man ständig online sein muss. Man muss sehen, wie sich der Kurs entwickelt und wann man zuschlagen sollte. Das bringt Stress, doch es erlaubt, innerhalb von kurzer Zeit mehrfach am Ethereum einen Profit zu erhalten.

Für einen solchen Profit ist der Umtausch in einer Wechselstube nicht empfehlenswert. Auch wenn der Profit oft erwirtschaftet werden kann, ist er dennoch in jedem einzelnen Fall so klein, dass die höhere Gebühr in den Wechselstuben schon ins Gewicht fällt.

Besser für einen Händler ist der Handel an einer Onlinebörse. Dort kann man sich registrieren und die Kurse tagesaktuell im Auge behalten. Die Charts zeigen die unterschiedlichen Entwicklungen auf sehr gute Art an, sodass man die Indikatoren ablesen kann, die anzeigen, wann man kaufen und wann man verkaufen sollte.

Die Börsen erlauben es, einen Handel automatisch durchzuführen. Man gibt also ein, wie viele Ethereum-Token man zu welchem Preis kaufen möchte. Die Verkäufer tun das Gleiche. Decken sich ein Kauf- und ein Verkaufsangebot, wird der Handel automatisch durchgeführt. Für diesen Automatismus muss man zwar eine Gebühr entrichten, doch es ist eine geringere Gebühr als in einer Wechselstube.

Will man als Händler die Gebühren noch weiter drücken, dann kann man auch zu einem Online-Marktplatz gehen. Hier sind die Gebühren am kleinsten. Es gibt aber keinen automatischen Handel. Man muss alle Verkaufs- beziehungsweise Kaufangebote persönlich durchlesen und einen Geschäftsabschluss selbst herbeiführen. Der Aufwand ist also sehr groß, doch man kann einen guten Gewinn machen und bei den Gebühren sparen.

Neben einer Investition in das Mining, einer Anlage und dem Handel kann man auch mit dem Funding in den Ethereum investieren. Das Funding bezieht sich dabei auf neue Updates beziehungsweise neue Miner. Die Updates und die Rechner der Miner müssen finanziert sein. Dabei bieten sie ihre Projekte auf Crowdfunding-Seiten an. Dort kann man in diese Projekte investieren. Als Profit erhält man dann einen Anteil an den neuen Coins beziehungsweise Token.

Das Funding sollte man jedoch nur sehr vorsichtig betreiben. In diesem Bereich haben sich schon viele schwarze Schafe herumgetrieben. Diese haben mit dem Geld aus dem Funding ihre Hardware finanziert und dann die geschürften Token für sich behalten.

Bevor man sich im Funding versucht, sollte man unbedingt recherchieren. Wer verbirgt sich hinter dem Projekt? Was sind die Absichten und am Wichtigsten, kann man den Machern des Projektes vertrauen? Gerade in diesem Bereich sollte man von übereilten Entscheidungen Abstand nehmen, damit man nicht selbst zu den geprellten Investoren gehört.

# Wichtige Regeln und Gefahren für das Investment

Das Investment in eine Kryptowährung ist keine einmalige Sache. Um wirklich damit einen Profit zu machen, muss man langsam in die Sache hineinwachsen. Daher empfiehlt es sich, am Anfang mit kleinen Summen zu arbeiten. So kann man über eine lange Zeit investieren und dabei lernen und seine Erfahrungen machen.

Der beste Einstieg ist mit einer Anlage. Dadurch vermeidet man das Risiko, eine IT-Infrastruktur aufzubauen, wie es das Mining verlangt. Ebenso braucht man nicht auf jede Kursschwankung zu achten, wie es mit dem Handel nötig ist. Gleichzeitig bekommt man die ersten Einblicke, um später auch die Funding-Projekte verstehen zu können.

Ist die Anlage gemacht, dann beobachtet man die Entwicklung. Ist man damit zufrieden und baut man das erste Selbstvertrauen auf, dann kann man sich langsam mehr engagieren. Dies kann in der Form des Handels oder des Mining sein.

Für das Mining gelten einige goldene Regeln. Das Erste und Wichtigste ist, dass nur der Schnellste gewinnt. Okay, auch der Zweitschnellste bekommt noch etwas, doch man sollte darauf abzielen, der Schnellste zu sein.

Um der Schnellste zu sein, braucht man nicht nur einen sehr schnellen Computer. Es ist sogar noch wichtiger, eine schnelle GPU zu haben, aber auch das reicht nicht. Man wird nicht darum herumkommen, eine Reihe von Computern anzuschaffen, die gemeinsam arbeiten. Das gilt sowohl für den Miner, der allein schürft, als auch für den Miner in einer Cloud. Wenn nämlich die eigene Rechenleistung zu gering ist, dann wird man der Cloud keinen wirkungsvollen Beitrag leisten und am Ende, bei der Verteilung der Token, leer ausgehen.

Wer es gleich als Cloudminer mit einem gemieteten Rechner versuchen möchte, sollte unbedingt die Preise vergleichen. Man braucht eine große Leistung für den Rechner, aber der Preis sollte möglichst niedrig sein.

Man muss auch nur für eine Sekunde innhalten und nachdenken. Warum sollte jemand einen Cloudminer vermieten? Wer damit wirklich Erfolg haben kann, wird doch wohl wahrscheinlich selbst schürfen. Daher sind die Preise oftmals überteuert. Nachdem die Miete bezahlt ist, bleibt von den geschürften Token nicht mehr genug Wert über, um wirklich profitabel zu sein. Dabei hat man dann aber wahrscheinlich noch Glück, wenn man nicht drauf bezahlt hat.

Will man sich als Händler versuchen, so muss man auch hier erst in die Materie hineinwachsen. Händler, besonders die kurzfristigen Händler, brauchen viel Wissen, viel Erfahrung und müssen den Markt konstant im Auge behalten. Kurz, ein Händler ist man nicht einfach so nebenbei. Das ist ein Vollzeitjob.

Wer sich bei einem Funding-Projekt engagiert, sollte auch über die Betrugsmöglichkeiten informiert sein. Gerade hier gibt es viele schwarze Schafe. Daher ist es unumgänglich nötig, sich umfassend zu informieren, bevor man in ein Projekt einsteigt.

Davon abgesehen sollte man auch allgemein etwas verstehen. Die Blockchain und der Ethereum sind online. Dies ist eine weltweite

Vernetzung. Dabei gibt es im Internet nicht nur gute Menschen, es gibt auch Personen mit durchaus schlechten Absichten.

Man ist mit dem Ethereum seine eigene Bank. Man befindet sich also in einer Onlinewelt, umgeben von Gefahren, und man muss auf sein Geld selbst achten. Wird eine Bank ausgeraubt, dann verliert die Bank ihr Geld. Dieses Geld ist aber auch wirklich nur das Geld der Bank. Die Sparer haben weiterhin ihre Guthaben. Daran hat sich nichts geändert. Wird man dagegen im Internet ausgeraubt, wird die eigene Wallet gehackt oder von einem Wurm geknackt, dann ist auch nur das eigene Geld weg. Es gibt kein Finanzinstitut, welches die Verantwortung trägt und es gibt keine Versicherung, die für diesen Diebstahl entschädigt.

Natürlich kann man seine Token auch zentral aufbewahren. So bieten Onlinebörsen ihre eigenen Wallets für die Personen an, die einen Account in den Börsen haben. Doch auch hier ist es wie bei einer eigenen Wallet, man ist selbstverantwortlich. Wird die Börse gehackt und werden die Token dabei gestohlen, dann hat man nur selbst das Nachsehen. Die Börse ist nicht dafür verantwortlich. Schlimmer noch. Weil sich die Token in der Börse befinden, hat man keine Kontrolle über die Sicherheit. Mintpal ist ein gutes Beispiel. Diese Onlinebörse wurde von Hackern geknackt. Die Firewalls und andere Schutzmaßnahmen hatten einfach irgendwann nicht mehr ausgereicht. Das Resultat war, dass eine Reihe von Wallets ausgeleert wurden und deren Besitzer einfach das Nachsehen hatten. Die Börse ging kurz danach pleite.

Nun muss man aber nicht gleich so weit gehen, dass eine Börse ausgeraubt wird. Börsen können jedoch auch ganz einfach direkt pleitegehen. Es geht schließlich hier um Onlinebörsen, die mit den Kryptowährungen aufgekommen sind. Man hat es also nicht mit alteingesessenen Häusern, wie die Frankfurter Börse oder die New York Stock Exchange, zu tun. Es sind kleine Börsen, die ihre eigenen Regeln haben. Diese Börsen gehen öfter pleite, als man denkt. Während man in Deutschland von einem Einlagensicherheitsfonds gedeckt wird, der im Verlustfall die Guthaben zurückerstattet, gibt es keinen derartigen Schutz bei den Onlinebörsen. Die Folge ist ziemlich simpel. Geht die Börse pleite, denn sind die Token futsch. Ein Beispiel dafür ist die Onlinebörse Cryptsy. Als diese vom Markt verschwand, nahm sie auch gleich die Coins und Token mit sich.

Wiederum muss es nicht immer gleich so schlimm sein. Nicht alle Onlinebörsen gehen pleite. Manche ändern nur ihre Regeln. Dann werden bestimmte Kryptowährungen einfach nicht mehr gehandelt. Man muss also seine Währung in eine andere Währung umtauschen. Dies geschieht dann aber nicht immer zum besten Umtauschkurs. Vircurex ist ein Beispiel dafür. Diese Onlinebörse setzte den Handel mit dem Bitcoin aus. Wenn man eine Wallet dort hatte, die Bitcoins enthielt, war man gezwungen, diese in eine andere Währung umzutauschen.

Eine weitere Gefahr ist die sogenannte 51 %-Attacke. Die Blockchain lebt von der Dezentralität und dem Konsensprinzip. Wenn aber eine Währung, so wie zum Beispiel der Bitcoin, immer älter wird, dann wird auch das Mining immer aufwendiger. Die Miner müssen aufrüsten. Dabei bleiben die kleinen Miner auf der Strecke. Die großen Miner werden immer mächtiger. Eine echte Gefahr besteht dann, wenn ein Miner mehr als 50 % der Rechenleistung liefert. Damit wäre das Konsensprinzip verschwunden. Dieser eine Miner könnte dann ganz einfach falsche Blocks gestalten und selbst genehmigen. Dieser Miner könnte diese Blocks auch gegen die Überprüfungen durch andere Nutzer verteidigen. Nun ist der Ethereum noch nicht bei einem so komplexen Netzwerk angekommen, doch er wächst und wächst. Es ist nur eine Frage der Zeit.

Eine weitere skurrile Gefahr sind Banken für Kryptowährungen. Es gibt keine echte Bank, die eine Kryptowährung akzeptiert. Es gab aber bereits Onlinebanken, die das vorgaben. Diese waren aber keine echten Banken. Sie nahmen nur die Coins der Kunden und verschwanden nach einer Weile damit.

Es ist wichtig, sich der Gefahren, denen man sich mit Onlinegeld aussetzt, bewusst zu sein. Man glaube keinen Versprechungen, die zu gut klingen. Man halte die Wallets unter der eigenen Kontrolle. Man setze Wert auf Sicherheit für die eigene Wallet. Wenn man sich daran hält, dann kann man auch Erfolg mit dem Ethereum haben.

# Die Umsetzung

Jede Reise beginnt mit dem ersten Schritt. Wenn man also wirklich daran denkt, ein Nutzer des Ethereum zu werden, dann beginne man klein und einfach. Man geht auf die Webseite der Währung und meldet sich an. Dort bekommt man auch seine erste Wallet. Damit kann man seine Erfahrungen machen und wachsen. Man kann kleine Geschäfte tätigen, etwas damit kaufen oder etwas verkaufen. So lernt man seinen Weg in die Währung und durch die Gefahren langsam und von allein.

Natürlich erfreuen sich die neuen Währungen, darunter eben auch der Ethereum, nicht nur einer wachsenden Beliebtheit. Es gibt viele Menschen, die sie einfach ablehnen. Das liegt an ihren Kursschwankungen, das liegt an ihrer Undurchsichtigkeit und oftmals auch nur schlicht daran, dass sie neu sind.

Banken mahnen sogar gegenüber den Kryptowährungen zur Vorsicht. Diese Mahnungen sind nicht unberechtigt. Zu viele Leute wurden das Opfer von Hackern, Dieben und Betrügern. Dabei gehen die Banken aber noch weiter. Aufgrund der Tatsache, dass die neuen Währungen gerade auch dem organisierten Verbrechen helfen, richtet sich die Aufmerksamkeit von Fahndern und Gesetzesgebern gleichermaßen auf das digitale Geld. Es besteht eine echte Wahrscheinlichkeit, dass die neuen Währungen in nicht allzu ferner Zukunft schlicht verboten werden.

Neben diesen warnenden Anzeichen am Horizont gibt es aber auch Anlass zur Hoffnung. Heute mag das digitale Geld für Viele undurchschaubar und gefährlich sein. Dabei ist das aber nicht die Schuld der Kryptowährungen.

Die Undurchschaubarkeit ist keine Folge einer Aktion der Währungen oder ihrer Macher. Die Währungen selbst werden als Open Source Software angeboten und können von allen Nutzern überprüft werden. Die Undurchschaubarkeit ist eine Folge dessen, dass noch viel zu viele unserer Mitmenschen mit dem Internet selbst nicht umzugehen vermögen.

Die Währungen sind nicht einfach gefährlich, weil sie digitales Geld sind. Sie sind gefährlich, weil sie missbraucht werden. Das ist aber kein neues Phänomen. Seit es Geld gibt, wird damit betrogen und gelogen. Man muss einfach nur einen Weg finden, die neuen Betrugssysteme einzudämmen. Die Blockchain, die ja nicht vergisst, kann hier auch die Antwort liefern.

Das Geld als solches, entstand aus einer Notwendigkeit heraus. Die Leute brauchten etwas, dass Handel und vor allem den Handel über weite Strecken erlaubte. Die Währungen sind die Antwort. Jetzt erlauben die neuen Währungen eine neue Art von Handel und dass nicht nur über weite Strecken, sondern sogar weltweit. Solange es einen Bedarf an diesen Währungen als Währungen, nicht nur als Spekulationsobjekt, gibt, solange haben diese Währungen eine Chance, sich zu etablieren.

Wenn man sich all das anschaut, dann erkennt man auch, dass es oftmals eine Sache des Investors ist, mit den Werten, die in diesen Währungen stecken, nicht allzu leichtfertig umzugehen. Dann gibt es auch bald kein Problem mehr mit diesen Betrügereien. Die Investoren müssen mit der Blockchain wachsen und ein Gefühl dafür entwickeln. Dann sind die Coins und Token so sicher, wie das heutige Bankkonto und die Brieftasche.

www.ingramcontent.com/pod-product-compliance
Lightning Source LLC
LaVergne TN
LVHW052312060326
832902LV00021B/3835